RENCONTRES AVEC VOS ANGES GARDIENS

Penny Mc Lean

RENCONTRES AVEC VOS ANGES GARDIENS

Claude Harmelin

Editions Guy Trédaniel
76, rue Claude Bernard
75005 PARIS

Du même auteur chez le même éditeur :

Contacts avec votre ange gardien

Les anges gardiens dans votre vie quotidienne

Traduit et adapté de l'allemand

Composition ***Astro AdR***

ISBN 2-85-707-630-4

SOMMAIRE

INTRODUCTION

11

Durant l'été 1988 où j'ai terminé de rédiger mon premier livre sur les contacts avec les êtres invisibles, je n'avais pas la moindre idée des répercussions qu'allaient provoquer mes réflexions et le récit de mes expériences dans ce domaine.

Pour beaucoup de gens, mes récits faisaient figure de révélation, car ils avaient vécu la même chose, mais n'osaient pas parler de ce qui leur était arrivé, craignant d'être pris pour des fous ou simplement pour des fabulateurs. J'avoue qu'il faut une dose de courage certaine pour arriver à dépasser ce seuil de blocage et de doute.

En ce qui me concerne, j'ai éprouvé moins de difficultés, ayant travaillé pendant des années avec ces énergies de l'au-delà ; c'est pour cette raison j'ai pu produire des « preuves » qui ont facilité mes explications et m'ont permis plutôt de surestimer mes facultés mentales que le contraire.

Malheureusement, dans notre société, tout ce que l'on est porté à croire, doit pouvoir être prouvé de visu ; cela explique la position actuelle des sciences naturelles, considérées comme le nec plus ultra de la pensée humaine.

Je suis toujours frappée par des conflits surgissant entre ésotéristes, intellectuels et représentants de la « science pure » : conflits ne pouvant s'expliquer que par une méconnaissance totale de la démarche de l'autre. J'ai assisté à des discussions acharnées entre, d'une part, des physiciens, anthropologues, mathématiciens, etc., et, de l'autre, des astrologues, radiesthésistes, médiums et parapsychologues. Le seul fait qu'ils parlent en définitive tous des mêmes choses, rendait la situation à la fois comique et pénible, faisant ressortir en fait toute leur intolérance...

Je n'oublierai jamais cette discussion qui a eu lieu quelque part en Bavière en pleine campagne, dans laquelle il s'agissait de savoir si « les étoiles sont capables de mentir », et au cours de laquelle on essayait de savoir dans un débat très animé si la lune avait une influence sur l'homme ou non. Sans parler des émissions de télévision complètement inutiles auxquelles il m'a bien fallu participer en tant que spectateur. Un ésotériste pratiquant *vit* totalement sa doctrine d'enseignement « secret », à laquelle appartiennent en tout premier lieu l'amour et l'attention qu'il porte aux autres. Pourvu qu'il tombe sur un animateur, qui n'en soit qu'au stade de la découverte, pour que ces lois lui soient autre chose qu'étrangères, le véritable ésotériste reste impuissant devant ses critiques, car il se garde de prendre le risque de descendre à un niveau qui risquerait de nuire à son idéal peu élevé, celui exigé par les thèmes ésotériques.

J'admire toute personne qui possède le calme et la dignité du maître initié, en toute situation existentielle. J'avoue ne pas l'avoir, car il me semble que je suis encore éloignée en *tout* du stade de l'initié, aussi bien dans les émissions de télévision mes anges gardiens ont d'ailleurs fort à faire pour me tenir maquillée, quittes à utiliser parfois des méthodes radicales. Cela m'est arrivé, par exemple, lors d'une émission à la télévision d'Allemagne du nord, où, après la première question du présentateur, mes mains se sont alourdies comme du plomb.

Après avoir regardé à plusieurs reprises l'enregistrement vidéo de cette émission, j'ai toujours l'impression qu'un miracle a réellement eu lieu. Moi qui m'exprime toujours par gestes, comment ai-je pu, d'un seul coup, d'un seul, atténuer à ce point mes mouvements, comme s'il s'agissait d'une autre personne qui s'exprimait à ma place ? L'aide des anges gardiens peut revêtir parfois aussi ce genre d'aspect !

Quoi qu'il en soit, ces émissions aux présentateurs plus ou moins compétents ont au moins réussi à sensibiliser *les* êtres humains qui sont déjà sur la voie de l'ésotérisme, ou bien qui étaient déjà assez mûrs pour faire leurs premiers pas dans ce domaine.

C'est là le revers plaisant de la médaille. L'autre aspect, ce sont ces montagnes de courrier qui m'ont été adressées, remplies de questions, de demandes de conseils et de récits d'expériences personnelles.

Pour ne pas faire les choses à moitié, à la cinquantième lettre, je me suis dit qu'il était vain de répéter toujours la même chose... Aussi, ai-je décidé, malgré un rude combat contre le dégoût de la machine à écrire, de répondre à toutes les questions sur les contacts avec les anges gardiens qui n'avaient pas été traitées dans mon premier livre.

De nombreuses idées qui m'étaient familières depuis longtemps doivent par exemple être expliquées de manière précise, car j'ai appris grâce à mes lecteurs que mes explications n'étaient pas toujours évidentes !

J'ai été agréablement surprise par le grand intérêt porté aux révélations purement spirituelles que j'ai reçues du monde invisible, et spécialement de Rudolf Steiner; les questions sont surtout centrées sur la formation et la structure des « groupes ».

J'ai donc ressorti tous mes écrits et toutes mes notes sur lesquelles repose ce livre presque exclusivement. De nombreuses communications que j'ai reçues personnellement ont été complétées par différents écrits et recherches, en particulier en ce qui concerne la génétique et le cerveau humain.

Je voudrais cependant rester claire et ne pas rendre mystérieux le fait qu'il s'agisse pour moi d'élargir votre conscience et non pas de publier des « révélations de la quatrième dimension ». En fait, toute existence d'énergies spirituelles de l'au-delà nous aide relativement peu, si nous ne savons pas les recevoir et les transmuter.

La plupart des lettres que j'ai reçues renferment de longues histoires d'anges gardiens, dont je pourrais faire un autre livre sans doute fort intéressant. Cependant, j'ai décidé de ne m'occuper de ce genre de cas qu'exceptionnellement, parce que je suis convaincue que l'effet d'apprentissage, produit grâce au récit des expériences d'autrui ne peut être augmenté qu'en travaillant sur les résultats.

Je laisse donc cette partie reprenant les comptes-rendus de diverses expériences, à mon ami Rainer Holbe qui, si mes informations sont exactes, prépare une publication sur ces phénomènes.

J'ai, bien entendu, complété les messages reçus par des commentaires et des réflexions assez faciles d'ailleurs à reconnaître dans ce texte du fait de leur style plus personnel.

J'aborderai également dans ce livre un thème qui vous fera certainement réagir : les extraterrestres. Je m'intéresse déjà depuis longtemps à ce phénomène, mais avec l'idée constante que, derrière ces observations, ces enlèvements et ces apparitions d'Objets Volants Non Identifiés, se cacherait une sorte de folie collective. Pourtant, un jour j'ai eu le plaisir réel d'assister à une conférence, à l'appui de laquelle venait toute une documentation photographique qui ébranla mon point de vue très prudent. Je reviendrai là-dessus en détail ultérieurement. Je peux cependant dire ceci : il se pourrait que nous devions nous habituer à l'idée que nos anges gardiens viennent non seulement de la quatrième dimension, mais aussi de l'hyperespace.

On m'a déjà demandé cent fois comment l'idée m'était venue d'écrire un livre sur les anges gardiens. De toutes les questions qui m'ont été posées, cette réponse-ci était la plus simple : l'idée n'était pas de moi ! Lors d'un salon d'ésotérisme à Munich il y a deux ans, où, après avoir parlé de la réincarnation et du karma, j'en vins aux énergies spirituelles de l'au-delà ; l'intérêt général augmenta en l'espace de quelques minutes de façon sensible. Finalement, un couple s'approcha de moi et me demanda si je ne voulais pas faire de conférence *uniquement* sur ce thème, entraînant aussitôt d'autres spectateurs à faire la même remarque. A l'époque, je dirais que je ne me sentais pas encore à la hauteur du sujet, qu'il fallait que je commence par me renseigner de façon plus approfondie. Mais, en rentrant chez moi, j'ai remarqué qu'une graine avait été semée, qui prenait de jour en jour de l'ampleur et je m'efforçais de me mettre au travail avec assiduité sur le thème. Et c'est ainsi que tout a commencé.

Pas une seconde, je n'avais songé à me poser la question de « l'actualité » du sujet : qu'est-ce qui n'était pas encore paru sur le marché du livre ésotérique ? Alors, je me suis mise à écrire en suivant mes impulsions intérieures. J'étais intimement convaincue, qu'en dehors des auditeurs de mes conférences, il y aurait bien quelques autres personnes qui s'intéresseraient à ces choses-là, mais je n'aurais jamais pensé que ces « quelques autres » allaient devenir des milliers ! Je commence à deviner ce que Steiner a voulu dire, en me conseillant : « Tu dois contribuer à relier les membres du groupe ».

Dans de nombreuses lettres, des gens m'ont envoyé aussi des témoignages de contacts avec l'au-delà datant des années 1973-1975. Ils l'ont fait parce qu'ils avaient également parlé avec Rudolf Steiner, ou des membres non incarnés de son groupe, au cours de séances où ils en avaient eu exactement les mêmes révélations que moi. Il est particulièrement remarquable que, répartis à travers toute l'Allemagne, se forment de véritables « nids », où les « contactés » ne se connaissent que dans de très rares cas. Il en va probablement de même pour moi : il ne m'est jamais venu à l'idée que ce miracle puisse se produire chez mes voisins les plus proches...

Tous ceux qui sont entrés en contact avec des mondes occultes seront d'accord avec moi pour reconnaître qu'on est tellement fasciné et submergé dès le début, qu'on pense à toute autre chose qu'à en parler à tout le monde.

Plus le contact est clair et subtil, plus on a l'impression de devoir garder le message pour soi. Pour moi, il a toujours été évident qu'un jour, le moment serait venu où un public plus large comprendrait les messages que j'ai eu la chance de recevoir : et l'intérêt croissant porté à ces phénomènes semble me donner raison...

De temps à autre, j'ai été invitée à des congrès et j'ai constaté avec tristesse, souvent avec honte, combien les « illuminés » s'attaquaient les uns les autres, chacun se prétendant le seul et véritable détendeur de la vérité éternelle, tandis que l'autre n'était qu'un « pauvre égaré » ou un « instrument de Satan ». Cette tendance fleurit particulièrement dans les cercles qui croient être en contact avec « le chef » de la flotte spatiale extraterrestre, appelée Ashtar.

S'il n'était pas aussi triste de voir à quel point les êtres humains qui tentent d'obtenir l'élargissement de leur conscience se compliquent l'existence, il y aurait de quoi rire de ces querelles.

Le pire des maux vient, d'après moi, de la prétention avec laquelle toute personne qui réussit à établir des contacts avec les êtres de l'au-delà serait un être privilégié. Ce point de vue est aussi orgueilleux que de croire que les universitaires sont les personnes les meilleures de notre société.

La prise de contact avec ceux de l'au-delà est ouverte à *tous*, ce n'est qu'une question de maturité et de disponibilité, pour vouloir saisir cette opportunité ou non. La possibilité d'y parvenir veille en chacun de nous. Discuter pour savoir si les résultats des contacts obtenus par Monsieur X. sont meilleurs que ceux obtenus par Madame Y., parce que X. ne fréquente que de « bons esprits », est tout aussi vain que de savoir si le professeur Z. de l'école Einstein est supérieur au professeur Y. du lycée Schiller.

C'est un fait réel, qu'à un certain moment, nous devons tous passer notre bac et que chacun a le choix des moyens mis en œuvre pour réussir. Beaucoup de chemins mènent à Rome ! et la seule chose qui compte c'est l'illumination, quelle qu'en soit la voie. Je veux dire par là qu'il faudrait être un peu plus tolérant les uns envers les autres et que l'un des premiers préceptes doit être « Aime ton prochain ».

Par la suite, dans la partie de cet ouvrage où je parle de certains sujets spécifiques, je reviendrai sur la question de savoir quels sont les bons et les mauvais esprits, mais je voudrais préciser tout de suite que mon point de vue sur la question des polarités n'est pas celui de tout le monde. Nous sommes tout à fait capables de reconnaître à qui nous avons à faire sur cette terre, quand il s'agit de « bonnes » ou de « mauvaises » personnes. Les visages et le langage du corps, la voix et les yeux, les déclarations et les actes des êtres humains nous donnent une idée précise de la personnalité à laquelle nous sommes confrontés. Plus nous avons d'expérience avec les habitants de notre planète et plus nous sommes aptes à mémoriser et à classer en nous ces vécus, plus nos impressions se précisent.

Il en va de même dans le rapport avec les entités invisibles : il nous faut apprendre à agir avec elles, et il nous faut accumuler suffisamment d'expériences pour que nous puissions décider si nous avons à faire à quelqu'un dont la présence nous semble indispensable, ou si cela nous semble plutôt désagréable ou à fuir. Comme toujours, le proverbe « Qui se ressemble s'assemble » est valable, mais il faut bien se garder d'appliquer là les valeurs habituelles. Il ne faudrait surtout pas que des révélations issues d'une dimension invisible venant d'un « monsieur le Président » nous paraissent plus importantes a priori que celles de quelqu'un qui se présente comme une « simple ménagère ». C'est la maturité intérieure, la qualité de caractère, la capacité d'apprentissage et la disponibilité spirituelle d'une personne qui la qualifient dans ce domaine, et non pas ses apparences extérieures.

Le meilleur exemple que je connaisse est celui d'une femme au foyer de Hambourg qui appartenait au célèbre cercle des observateurs d'OVNI, et qui, le 4 juillet 1961, obtint soudain des messages extraterrestres dont la source était, selon leurs dires, les « aînés », les habitants d'une planète éloignée. Ces révélations ont été rassemblées dans des « Cahiers bleus », publiés, mais qui sont malheureusement peu connus. Car ces notes sont d'une haute valeur spirituelle et d'un accès facile pour n'importe qui, et je prétends que la lecture de ces écrits introduit un anoblissement de la manière de pensée, à condition que le lecteur soit prêt à accepter réellement ce qui est écrit.

Tout comme je le fais dans mes livres, cette femme ne s'élève pas elle-même au grade du futur Prix Nobel de Littérature. Elle n'attend pas non plus de critique positive de la part des analystes les plus réputés. Il s'agit ici d'une transmission de pensée ou, comme je l'ai déjà précisé, de modèles de pensée qui peuvent être intéressants pour tout un chacun.

Je voudrais ajouter une dernière chose ; je ne suis ni un gourou ni une illuminée. Je me suis simplement occupée, davantage et un peu plus longtemps que la plupart des gens, de thèmes et de doctrines ésotériques. Je suis comme ce célèbre professeur de chant qui n'en était pas pour autant un chanteur exceptionnel. Je vis comme tout le monde : je fais des efforts, je tombe, je me relève, je gagne, je me réjouis, je retombe, j'apprends, ...

A propos de privilégiés : ces derniers temps on a beaucoup entendu parler de l'Atlantide et des réincarnations croissantes de ses habitants. Cette théorie serait magnifique si elle ne menait pas à des abus vraiment spectaculaires. On voudrait nous faire croire qu'il y a quelque chose d'extraordinaire au fait d'avoir été un Atlante. A tous les gens qui croient à cette belle fable, je suis obligée de rappeler que les Atlantes appartiennent aux races-racines de l'humanité et, ce qui serait plutôt extraordinaire, ce serait de n'avoir *jamais* appartenu à cette race, à propos de laquelle je donnerai également des précisions par la suite.

On commence à entendre dire, que les gens nés depuis l'année 1940 ayant la peau claire, des yeux clairs et des cheveux roux ou blonds seraient de véritables réincarnations d'Atlantes, donc des êtres exceptionnels. Les Atlantes se sont toujours réincarnés et se réincarneront toujours, mais cela ne devient intéressant que lorsque les hommes de l'époque atlante se réincarnent, car ces êtres étaient déjà à l'époque ceux qui maîtrisaient la pensée *logique*, à partir d'une union profonde entre les lois de cette Terre et les lois du cosmos. Les Atlantes originels pensaient essentiellement et uniquement grâce à leur capacité de mémorisation : ils ont donc stagné à un niveau d'évolution nettement inférieur à celui offert actuellement aux possibilités de notre cerveau.

Les êtres les plus actifs « agissants » en Atlantide étaient des initiés considérés par le peuple comme des dieux, dont ils semblaient être les descendants. Les réincarnations de ces initiés et de leurs descendants directs forment de véritables privilégiés. Ceux-là bénéficient aussi d'une caractéristique particulière, que tous ceux qui sont concernés connaissent. C'est pourquoi il est inutile d'en parler ici, puisque cela ne servirait à personne. On recommencerait à penser que ces êtres ont été tout à fait particuliers, ce qu'ils ne deviennent en réalité que lorsqu'ils développent complètement les capacités qui sont leur privilège, dans l'intérêt de l'humanité.

Vous voyez donc que le mot « privilège » n'est qu'un synonyme de sens du devoir, d'humilité, d'amour du prochain et de sens des responsabilités. Et comme je l'ai entendu de source sûre, est bienvenu dans ce groupe celui qui veut se soumettre à la rude école de l'anoblissement et de l'élargissement de conscience, pour le bien de la collectivité.

Donc, « bienvenue au club ! » L'Atlantide, c'est *nous* !

J'ai longuement réfléchi comment répondre, à travers cet ouvrage, aux innombrables questions de mes lecteurs et de mes correspondants et j'ai décidé de procéder avec ordre et méthode, par thèmes. Vous pouvez ainsi chercher le domaine qui vous intéresse le plus, sans être obligé de lire le livre en entier. Mais en le lisant tout de même, vous trouverez plus facilement (du moins je l'espère) ce que vous y cherchez.

Quelques uns de mes correspondants ont accepté de donner leur nom, alors que d'autres ont préféré garder l'anonymat, tout en se déclarant membres du « groupe » et en contribuant à l'éclaircissement de nombreux problèmes, ce qui a modifié mon habitude d'entamer la conversation avec les seules entités qui se manifestent par leur nom.

Dans la mesure où mon principal informateur est mort depuis peu de temps, et que toute son œuvre continue d'être redevable de droits d'auteur, je ne publierai pas son nom (car je ne voudrais pas subir le sort de ce couple d'Autrichiens, Coudris, qui avaient reçu des informations de C.J. Jung, les avaient publiées et avaient eu très vite de graves démêlés avec ses héritiers !). Je ne crains cependant pas que les spécialistes puissent avoir du mal à comprendre ce qui a été écrit. Le plus important est de faire accepter à votre voix intérieure ce qui a été dit, puisque nous portons tous en nous le savoir universel et les réponses à toutes les questions. Il n'est, par conséquent, pas nécessaire d'apposer une étiquette sur le savoir et de le justifier par des noms prestigieux.

Naturellement, j'ai modifié le texte de certaines informations que j'ai reçues parce que le résumé se présentait sous la forme de questions / réponses. Car la plupart des contacts ont eu lieu à une période où mes connaissances théoriques n'étaient pas encore assez structurées, et j'ai dû poser des questions jusqu'à ce que je comprenne enfin ce que cela signifiait. Mais la quintessence des révélations a été préservée scrupuleusement ainsi que la forme de tutoiement dont les anges gardiens se servaient.

En préambule, je voudrais remercier tous ceux qui m'ont aidée. Des gens complètement inconnus m'ont écrit les lettres les plus touchantes et les plus encourageantes, ils m'ont donné des forces et m'ont assuré de leur soutien. Enfin le cercle de mes amis le plus proches, dont fait partie ma famille, m'a aussi beaucoup aidée, de diverses manières. Merci à tous.

Le premier message, 1971

Ma chère enfant,
Cela ne va pas être facile pour toi,
Car tu seras en haut et en bas,
Et ces épreuves ne doivent pas te faire perdre
La foi, et nier la connaissance.
N'oublie jamais que nous sommes auprès de toi
et que tu es toujours en contact avec nous.
Nous sommes une puissance énergétique très
élevée et tu en fais partie.
Donc n'aie pas peur, car c'est la seule chose
Qui peut troubler notre lien et même l'interrompre.
Sois heureuse et n'aie pas peur,
Nous sommes auprès de toi.

LE GROUPE

Tu m'as demandé ce que je voulais dire quand je dis « notre groupe ». Je t'ai dit que je suis le maître du groupe.

Cela signifie que je fais partie de cet ensemble énergétique. Cela me permet d'exercer une influence certaine sur le développement de cette forme d'énergie. Il s'agit là du résultat d'un processus évolutif qui s'est déroulé pendant des millénaires.

C'est une erreur de croire que tous les hommes incarnés sur votre planète sont issus du même potentiel énergétique.

Il y a autant d'antécédents que d'empreintes digitales. Beaucoup d'entre vous ont déjà été plusieurs fois sur la planète que vous appelez Terre, d'autres s'y trouvent pour la première fois, tandis que quelques-uns sont volontairement hôtes de votre existence terrestre. Il ressort de tout cela qu'il existe diverses appartenances énergétiques que tu peux comparer à des vibrations spirituelles.

Cela ne signifie pas que tous ceux qui sont issus du même potentiel aient le même niveau de connaissance ou les mêmes idées. Mais ils sentent, lorsqu'ils se rencontrent, une parenté inexplicable. Cela ne mène pas nécessairement à une amitié ou à une confiance remplie d'amour, mais elle augmente de manière notable le sentiment d'appartenir à un collectif, ce qui est un facteur social important.

Il ne suffit pas que tu te sentes attirée par quelqu'un pour qu'il soit classé comme membre de ton groupe. Beaucoup de groupes sont très proches dans leurs vibrations. Tu croiras qu'ils sont liés les uns aux autres.

Dans ces groupes règne un ordre hiérarchique qui résulte de la maturité, mais aussi des possibilités d'implications de leurs adhérents.

Il m'est malheureusement impossible de t'expliquer certaines notions issues de notre dimension, car nous ne sommes pas soumis aux lois de la matière, donc ne parlons pas le même langage et nous sommes aussi libérés de vos concepts de temps.

Nous n'avons pas besoin de temps, car, comme je viens de te le dire, nous ne sommes pas liés à la matière.

Tu me comprendras peut-être mieux si tu te représentes le temps comme une énorme spirale en rotation constante. Si le lieu où tu te trouves est à l'extérieur, tu sens très fort le mouvement de la spirale, mais si tu te trouves au centre, tu remarques que quelque chose bouge, mais cela ne t'atteint pas personnellement. Vu de cette manière, tu te trouves toi à la périphérie, et moi au centre, sur le pôle immobile.

Les membres d'un groupe ne sont jamais ni incarnés en même temps ni présents dans le monde immatériel.

Pour l'instant, il y a 318 membres de notre groupe incarnés sur la planète Terre. Mais ce nombre peut augmenter ou diminuer. Les nouveau-nés s'y ajoutent, et d'autres quittent la planète Terre.

Il existe évidemment des moyens pour connaître les membres d'un groupe et leur appartenance. On peut, par exemple, faire une analyse complète et détaillée d'un cosmogramme astrologique ou déchiffrer le codex génétique individuel. Mais il s'agit là pour l'instant d'un secret qui ne sera pas dévoilé avant longtemps et qui sera sans doute, hélas comme souvent, découvert par une utilisation abusive.

L'abus consiste en la méconnaissance des lois universelles. Dans dix ans tu comprendras mieux ce que je te dis aujourd'hui, surtout si tu t'intéresses quelque peu au phénomène de la génétique.

Tous les membres du groupe ne se sont pas incarnés pour te rendre la vie plus facile de manière purement extérieure. Tu es reliée à beaucoup d'entre eux par un destin personnel, un karma, et c'est pourquoi tes rencontres avec les membres du groupe ne seront pas toujours agréables, bien qu'elles soient toujours pleines d'enseignement.

Naturellement, les membres du groupe épousent d'autres personnes dans leur incarnation terrestre. Mais telle n'est pas la règle. Ce serait certainement très simple pour tous ceux qui sont concernés, mais tu oublies la libre volonté.

*Chaque choix d'un partenaire est aussi une épreuve. Tu l'as déjà remarqué et tu le remarqueras encore plus à l'avenir (*mon Dieu, comme il avait raison !*).*

Tu possèdes des amis fidèles à tes côtés, qui sont tous issus de notre groupe et qui te suivront dans ton évolution.

Bien sûr, les parents peuvent avoir des enfants qui appartiennent à un autre groupe que ce père ou cette mère, et dont l'appartenance peut même être complètement différente. Ici interviennent d'autres lois, plus élevées. Une âme, quel que soit son groupe d'appartenance, ne cherche ses parents qu'en fonction de critères garantissant un maximum de moyens de réalisation sur les plans psychique, spirituel et corporel. La naissance ne change rien à cette appartenance.

Il peut arriver que l'appartenance soit modifiée, c'est-à-dire que le groupe soit modifié. Cela a aussi un lien quelconque avec le libre arbitre.

Chaque groupe a sa propre vibration fondamentale, peut-être comprendras-tu si je te dis que chaque groupe impose un minimum de conditions à ses membres. Si ces conditions ne sont pas remplies, à cause d'une évolution négative de la part de certaines personnes, il peut arriver que celles-ci changent et partent dans un autre groupe correspondant davantage à leur vibration. Il ne s'agit nullement de punition, mais d'un transfert responsable et évident pouvant même aller jusqu'à la dissolution totale d'un groupe.

Il peut aussi arriver que les dirigeants hiérarchiques d'un groupe connaissent une forte expansion, les éloignant automatiquement du reste du groupe. Ils forment donc un groupe nouveau avec un potentiel énergétique beaucoup plus dense que celui de leur groupe précédent. Cela est aussi une force de ce que vous appelez « évolution ».

*Je ne suis pas le seul chef de groupe de notre communauté. Le mot chef de groupe s'adapte également à ton vocabulaire. Si tu veux, il est comparable à un ministre dans votre système politique. Si à cause de ta forme de pensée imaginative tu ne t'étais pas toujours élevée avec autant de véhémence contre les sciences naturelles, chimiques et physiques (*cela dit avec beaucoup de modération, car j'étais miss catastrophe à l'école !*), tu serais maintenant à même d'avoir une compréhension plus complète de la structure de mon groupe et de ma position à l'intérieur.*

Car ce qui est à l'extérieur est à l'intérieur, ce qui est dans le grand est aussi dans le petit, et tout ce qui est invisible a une correspondance dans le visible. La loi de l'énergie universelle agit partout.

Chaque groupe a un potentiel de savoir et de maturité dont tu peux te servir si tu en es capable. Plus tu travailles sur ta conscience et la cultives, plus tu es capable de profiter de ce potentiel. Plus tu atteins la vibration idéale du groupe, plus la communication peut être parfaite.

L'une des aides le plus appréciables est, par exemple, la méditation. Il s'avère, également très important d'harmoniser tes chakras et de les ouvrir, parce que cela fait partie du processus évolutif visant à orienter l'énergie circulant dans ton corps vers les bons canaux, afin qu'elle puisse te servir convenablement.

Naturellement, cela concerne aussi les sentiments.

L'un des rapports les plus importants avec nous, avec ton groupe, est ce sentiment de l'amour entre tous. Bien loin d'une forme d'amour individuelle, c'est d'amour général, d'amour universel, d'amour du prochain qu'il s'agit. Tant que tu nourris en toi des sentiments de haine, de vengeance, d'envie et de jalousie, tu perturbes le flot d'énergie venant de nous pour aller vers toi de manière sensible.

Tu dois te contrôler chaque jour.

Bien sûr, tu ne peux pas te mettre d'un seul coup à aimer tous les êtres, mais essaie seulement de les comprendre. Peut-être te sera-t-il plus facile de devenir tolérante.

Pense toujours que nous t'aimons beaucoup et t'envoyons quotidiennement des pensées d'amour.

Tu n'as rien d'autre à faire qu'à les ressentir et à les renvoyer.

Malheureusement, il existe aussi des groupes ennemis. Ce sont des groupes qui se sont liés à des puissances obscures, et qui tentent sans cesse de nuire à quelques membres des groupe recherchant la lumière, pour les attirer de leur côté.

A ces cercles appartiennent aussi les tentateurs. Non pas les examinateurs remplis d'amour dont nous avons *déjà parlé (*j'en parlerai dans les chapitres sur les anges et les esprits naturels et protecteurs*), mais les tentateurs qui éprouvent une joie à voir les gens désespérés.*

Anoblis ton caractère en le contrôlant, ainsi qu'en contrôlant tes actes. C'est la meilleure protection contre ces entités. Celui qui recherche la lumière en permanence devient pour elles un objet de rejet.

Ces entités sont aussi incarnées. Elles ont souvent une apparence brillante et un esprit tout aussi éblouissant. Elles occupent souvent une position importante dans la culture, la science, l'économie et la politique. Elles sont souvent confrontées, par de très hautes entités, à des peuples entiers. Elles sont dangereuses parce qu'elles utilisent trop souvent les idées les plus nobles de l'humanité à des fins négatives et égoïstes, comme autant d'instruments inconscients d'une puissance sombre et élevée.

C'est à toi de savoir si tu vas succomber. Il faut savoir de quel côté tu es.

Garde contact avec ton groupe, tel que je te l'ai déjà expliqué.

Il faut que ce groupe se rassemble lentement et s'unisse avec des membres d'autres groupes amis.

Chacun d'entre vous doit y participer.

C'est la parole qui atteste de la reconnaissance de l'appartenance. Si tu es le haut-parleur de la vérité, le rassemblement ira de soi.

Nous savons que tu es loin d'être parfaite, mais nous sommes auprès de toi pour t'aider et être à tes côtés.

Donc, n'aie pas peur, aime !

Tous ces messages ne sont pas arrivés facilement et si logiquement, comme je l'ai déjà dit, et pas en une seule soirée. Ce que vous venez de lire est un montage de tous les fragments que j'ai réussi à rassembler pour rendre leur message plus clair.

Au fil des années, j'ai repris mes notes, je les ai relues pour arriver à les comprendre de mieux en mieux, selon ma propre évolution.

J'ai obtenu de nombreuses réponses par la suite, mon informateur étant un politicien de l'Est récemment décédé, d'un haut niveau spirituel, qui se présenta comme mon père dans une incarnation anglaise.

Nombre de mes informations ont pris forme durant cette période, dans les années quatre-vingt, de telle manière que je les ai reçues directement « dans mon cerveau », je les ai vérifiées par une question complémentaire et je les ai notées après une éventuelle correction ou amélioration. La même chose s'est produite avec mes réflexions personnelles et leurs conséquences

Naturellement, beaucoup de questions sont restées en suspens et sans réponses assez claires, pour que je puisse oser livrer mes propres conclusions comme définitives.

Un jour j'ai demandé : « Comment devient-on membre d'un groupe ? » J'ai reçu la réponse suivante : « L'appartenance se forme par libre volonté. » J'aurais tendance à interpréter cela en disant que les énergies vibratoires d'un groupe ont une influence attractive ou répulsive sur certaines existences. De même que sur Terre nous pouvons nous relier à certains courants, la loi du « qui se ressemble s'assemble » me paraît être aussi active dans l'au-delà.

Sans aucun doute, certains membres du groupe s'incarnent sur diverses planètes en revêtant des formes différentes, et non seulement pour leur propre évolution, mais aussi pour élever le potentiel de savoir et d'expérience de tout un groupe.

Je veux parler ici d'une fois dans ma vie où il me fut signifié ex abrupto que je voulais prendre congé trop tôt. On me dit qu'une telle décision de ma part « risquait de porter atteinte à l'intégrité du groupe ». Si l'on réfléchit à cette déclaration, le mot « responsabilité » prend une signification presque menaçante. Dans un tel cas tout ce que je fais et tout ce que je pense doit avoir une influence directe et immédiatement identifiable sur tous mes proches.

Vue sous cet angle, la pensée positive prend un aspect tout à fait différent : elle devient d'utilité publique !

Lorsqu'un des maîtres de groupe change, que ce soit pour des raisons d'évolution ou de réincarnation, la modification sur l'ensemble du groupe est sensible, c'est ainsi que je l'ai vécu moi-même.

Lorsque mon chef de groupe a commencé, en 1976, à se préparer à sa réincarnation, il a déjà commencé, dans ce temps de préparation, à y avoir un changement — disons un changement de ton. Il était devenu plus sévère. Pas moins bon, mais d'une bonté plus sévère. Je ne critique pas, mais je n'ai pas ressenti ce changement comme spécialement positif dans ma vie d'alors. J'avais l'impression que mon nouveau chef de groupe était quelqu'un qui n'avait plus eu d'incarnation sur Terre depuis longtemps. Tout ne tournait plus qu'autour de l'expansion spirituelle, du développement spirituel et de la maturité spirituelle. Mes timides objections sur le fait que j'étais non seulement un esprit, mais également un corps avec tous ses besoins, étaient passées outre, ce qui changea complètement lorsqu'apparut mon « père anglais ».

Personne ne me fera croire que ces maîtres de groupe sont parfaits et connaissent tout. Parfois, j'ai eu l'impression d'avoir à faire à une situation quasiment politique : ce n'est pas toujours celui qui dirige qui est le meilleur. Parfois aussi, l'offre est un peu restreinte dans l'au-delà. Surtout lorsque de hautes entités quittent leur groupe pour s'incarner volontairement. Aussi utiles et positives puisent-elles être sur un plan matériel, qu'on me permette d'objecter que je préférerais parfois que de nobles maîtres restent « de l'autre côté ».

Aucun maître ne peut être *assez* noble, pour que les êtres humains n'arrivent pas à déformer son enseignement à leur façon.

Le meilleur exemple est Jésus-Christ. Quand je pense au message de ce géant et en même temps à ce que certaines institutions en ont fait... Uniquement pour faire de l'argent avec le message du Christ !

Un grand acteur allemand déclara un jour : « Celui qui croit en Dieu n'a pas besoin de religion... » ce qui m'amène à me poser la question : « Dieu a-t-il vraiment besoin de ce que nous appelons religion ? »

En dépit des diverses éléments à l'appui dont je dispose, je n'évoquerai cette question que superficiellement dans le chapitre intitulé « La prière ». J'avoue ne pas l'avoir approfondi par lâcheté ! Les messages que j'ai pu recevoir sur les organisations religieuses sont plutôt sidérantes et très dures, même pour une personne comme moi, qui ne suis pas à proprement parler l'une de leur sympathisants majeurs... Je préfère attendre que le moment soit venu et que les choses soient rendues un peu plus évidentes. C'est alors que je dévoilerai mes informations, avec le plus grand plaisir...

36

Venons-en maintenant à un thème qui devrait susciter encore davantage votre intérêt.

LE MOI, LE TOI, LA COMMUNAUTE ET LA PERFECTION

Tu es issue du Savoir Universel, et tu retourneras au Savoir Universel.

Le Savoir Universel est dans la perfection, car la perfection connaît tout.

La perfection est le noyau universel cosmique qui contient tous les plans de l'Univers, le savoir originel, mais aussi le désir d'une plus grande perfection, car tout ce qui existe peut aussi bien s'accroître que diminuer.

La perfection englobe le plan de la création matérielle, mais aussi le modèle de toutes les formes spirituelles.

De même que les éléments les plus petits que vous connaissiez peuvent se transformer, la perfection universelle peut aussi se modifier, non pas dans sa substance de base, mais dans sa forme.

Il serait faux de croire que ce qui est négatif soit mauvais et ce qui est positif, bon. Les deux sont des parties complémentaires formant un tout.

La puissance universelle que vous appelez Dieu se compose de nombreuses formes spirituelles, positives et négatives.

Par la capacité que vous appelez volonté de liberté, toute partie du Tout universel aurait la possibilité de se développer dans la direction voulue.

Mais s'il vous arrive de perdre, au sein de ce développement, le contact clair avec le Tout ou avec son pôle opposé, ce qui peut arriver par une expansion en opposition au plan, vous perdrez le lien avec le divin et devrez revenir à la perfection par des chemins détournés. L'une de ces voies est l'incarnation matérielle.

Car la partie la plus infime porte en elle le plan qui doit représenter la perfection dans son intégralité.

La perfection engendre à nouveau la perfection, car elle n'a pas de limites. S'il en était ainsi, la perfection serait imparfaite, car dépourvue d'une volonté libre.

La perfection ne signifie pas devenir rigide.

....

Toi qui es issue du savoir originel, tu es maintenant sur le chemin pour le retrouver.

Toute la connaissance est en toi. Mais tu ne peux pas la transposer, car tu restes encore trop liée à ton corps, qui te bloque à son tour à un certain stade de ton évolution. Au premier abord tu es encore seule, en étant quelqu'un qui cherche, mais tu n'es pas très loin d'avoir trouvé ton complément, ton autre toi-même, celui que tu as perdu en t'éloignant de la perfection.

Le pas suivant pour agir de manière responsable dans la communauté est devant toi.

Mais il te faut d'abord surmonter la communauté dualiste et vivre en paix avec elle, avant de pouvoir apporter la paix dans la communauté.

Tu atteins ta dualité au moment où tu la fais apparaître clairement devant ton œil spirituel.

Ton subconscient n'a jamais oublié cette image.

Souviens-toi de Friedrich Rückert, lorsqu'il disait :

En chacun se trouve l'image
De ce qu'il doit devenir,
Aussi longtemps qu'il n'y est pas arrivé,
Il n'aura pas la paix.

Tu peux dire aussi si tu veux :

En chacun se trouve une image
De celui qu'il doit aimer...

Cette image apparaîtra clairement devant toi, lorsque tu auras la maturité pour la supporter.

Tu commenceras par rencontrer des gens qui sont semblables à cette image, et souvent tu penseras que tu as atteint le but. Ne perds jamais patience, car le moment crucial est choisi par un conseil suprême.

Ne pense jamais qu'après avoir découvert ton alter ego, tu entreras dans une période de calme, car c'est en réalité le début d'une nouvelle ère de ton développement, ce qui signifie toujours un travail important. Admets ta tâche et réjouis-t'en.

Bien évidemment, tu reconnaîtras ton complémentaire.

Entre vous il existe un lien profond depuis des siècles et qui ne peut être détruit qu'à cause de tes propres erreurs.

Ce n'est qu'une opportunité d'évolution, ou, comme vous dites, de temps.

Mais le véritable devoir consiste à se développer dans la communauté, de manière à ce que le moi ne compte plus. Si tu atteins cela, tu es mûre pour le stade d'évolution suivant, une incarnation non terrestre sous des conditions physiques et psychiques complètement différentes.

Il ne servirait à rien de te décrire maintenant ces incarnations. Commence par maîtriser ton incarnation actuelle. Elle est la condition de ton évolution ultérieure.

Du début des lignes retranscrites ci-dessus jusqu'aux points de suspension (....), j'ai reproduit le message sans modification, tel que je l'ai reçu, et d'abord de manière allusive, car il était pénible pour l'image que j'avais de Dieu, d'entendre que le Très-Haut, que je m'étais toujours imaginé comme une entité unique et toute puissante, était devenu soudain un être se composant de diverses couches d'énergie.

L'injonction qui en dit très long de mon premier tuteur de l'au-delà a été : « Deviens indépendante et autonome dans ta pensée ». Celle-ci me semble de plus en plus précieuse, au fur et à mesure que je vieillis et que des livres et des maîtres, du moins en Allemagne, peuvent à peine m'aider à aller plus loin. Nous sommes tellement confrontés à des idées et à des enseignements stupides qu'ils ne sont en définitive rien de plus que des déchets spirituels. Oui, c'est exactement cela ! Aucun autre terme ne parviendrait mieux à les décrire !

C'est souvent dans les mots les plus simples que se trouve la vérité la plus pure, l'information la plus complète. Méfiez-vous des gens qui méprisent la simple parole ou qui cherchent à dominer par leur si brillant esprit. Si je me souviens bien, le sermon sur la montagne n'était pas truffé de termes académiques et d'idées scientifiques. Et pourtant, montrez-moi quelque chose de plus parfait !

Or, même sur ce thème on doit accumuler un certain nombre d'expériences, aiguiser son intuition et son sens critique, jusqu'à ce que l'on puisse dire tranquillement « Non, merci ».

En outre, en ce qui concerne le langage de la première partie de la déclaration : je me suis tout d'abord terriblement heurtée aux répétitions constantes de certains concepts qui me semblaient être des jeux de mots, jusqu'à ce que je comprenne que ces mots et ces constellations de mots étaient faits pour ouvrir le subconscient. Relisez ce paragraphe calmement à plusieurs reprises, et vous remarquerez, comme je l'ai fait, qu'un secret se cache derrière cette forme d'expression particulière.

Dans mon premier livre, j'ai écrit un « Notre Père », qui m'a été dicté en 1974.

La réaction à ce « Notre Père » a dépassé toutes mes espérances. Non seulement en courrier, mais aussi au cours de mes conférences (je termine toujours mon exposé par cette prière). Beaucoup d'auditeurs commencent à pleurer, d'autres parlent d'une « sensation de chaleur dans l'estomac », d'autres l'utilisent comme un médicament, et cela est efficace.

Je dois reconnaître que, lorsque cette prière me fut envoyée, je n'ai pas compris ce qui m'était transmis. J'ai seulement pensé : « Ah, tiens, un nouveau Notre Père ». Sans accorder la moindre importance particulière à ce complément « La puissance réside dans l'utilisation des mots opportuns », mais je confirme que je ne comprenais pas grand chose à la magie du rythme et que je n'avais même pas compris l'allusion. Ce n'est qu'en 1987 (!!) que je l'ai compris en relisant mes notes sur le pouvoir de la parole.

LA PRIERE ET LA PAROLE

Au début était la parole ; la parole était auprès de Dieu, Dieu était parole.

La parole est énergie, elle est capable de produire tout ce qui peut être utilisé.

La parole produit des vibrations, transfère son énergie à son entourage pour la répandre jusqu'à l'infini.

Aussi réfléchis bien à ce que tu vas dire.

Plus tu utilises les mots sciemment, plus ils ont d'impact. Aucun mot n'est apparu par hasard. Ces suites de voyelles et de consonnes ont un sens et produisent des effets.

Cela commence par l'utilisation du nom de Dieu. Il ne faut jamais l'utiliser de manière inconsidérée, car il contient des énergies concentrées qui sont encore actives, je le répète !

Sois aussi consciente de ce qui se passe quand tu pries. Habitue-toi à envelopper tes prières de tes propres mots, car ils reflètent tes propres vibrations et peuvent s'assimiler plus facilement à une forme d'énergie qui te convient et que tu souhaites.

Souviens-toi combien tu pouvais ressentir l'inutilité de la prière des « couronnes de roses ». Ton impression était juste. Elle n'aurait servi à quelque chose que si quelqu'un de ton entourage avait compris pourquoi engendrer des rythmes de mots répétitifs a aussi un impact. Personne ne s'en est aperçu.

Répéter des prières est dénué de tout effet. Une prière n'est utile que si elle est ressentie profondément.

La prière la plus puissante qui existe est le « Notre Père ». Sois consciente de chacune de ces phrases et de son sens profond.

« Notre Père, Seigneur de tous les cieux. »

Par cette phrase, tu te déclares comme appartenant à une puissance énergétique supérieure que tu appelles ton père, ton créateur. Il t'a non seulement créée, mais il est le créateur et le maître de l'univers entier. Tu es toi-même créée suivant un plan de ce qui se reflète dans la moindre de tes cellules.

« Dont le nom est prononcé avec respect par nous tous. »

Toute personne consciente de cette origine ne nommera cette énergie parfaite qu'avec respect et humilité. Son nom est Dieu. Il n'y a pas que les hommes pour le « nommer » ; mais tout ce qu'il a créé, tout ce qui existe, porte son nom, chaque animal, chaque plante, chaque pierre est une glorification de la perfection et donc une incarnation de son nom.

« Faites rayonner à travers nous votre perfection. »

L'idée de sa perfection existe en nous, et nous existons par elle. Tu as le devoir de rechercher la perfection en toute forme. Montre-toi toujours prête à participer au plan, à vouloir faire agir ce plan à travers toi, ce qui signifie qu'il faille élever ton destin avec une conscience éveillée et avec gratitude, car c'est le chemin que tu as choisi vers la perfection. Plus la grâce de la connaissance est accordée à cette perfection, plus ton chemin sera rendu aisé.

« Faites nous évoluer par votre volonté divine qui agit en tout et à travers tout. »

Ta voie vers la maturité est complétée par un plan universel qui te donne diverses possibilités individuelles, selon la loi du libre arbitre. Plus tu réussiras à rejoindre l'harmonie divine par ton harmonie intérieure, plus tes rapports avec ton entourage seront facilités. Je n'évoque pas ici que les êtres humains. La matière également doit se plier à la loi de l'harmonie. Les entités spirituelles en font partie. Ressens-toi toujours comme une partie du tout, ressens combien tu es liée à tout et à tous — c'est l'idée fondamentale qui jaillit de l'amour.

« Faites en sorte que notre travail porte ses fruits. »

Chercher, mûrir, signifie travailler. Ne te dispute donc jamais avec ton créateur à cause des pas en arrière qu'il te faut pourtant faire, des revers qu'il t'occasionne, des expériences douloureuses. Ce ne sont que des jalons sur la voie du progrès.

N'oublie jamais que seul le résultat compte. Si tu es prête à payer plus que de coutume pour davantage de qualité, si tu es prête à faire des sacrifices financiers, pourquoi ne te comporterais-tu pas de la même manière lorsqu'il s'agit de ton expérience existentielle et de ta maturité ? Garde toujours la foi et la croyance que tu as reçues pour t'offrir de l'aide sur ton propre cheminement et les fruits de ton travail seront excellents.

« Et fais que nous ne devenions pas coupables. »

Tu me dis que je t'explique ce que signifie le mot « fautif » dans ce contexte. Devenir fautif signifie se heurter aux lois universelles. Naturellement, les dix commandements concernent les lois universelles. Moïse les a reçus en provenance d'entités développées et expérimentées, et elles ont posé les jalons en vue d'une société qui fonctionne. On y trouve des livres de loi pour expliquer comment doivent être punies les atteintes à l'ordre social. D'autres livres de lois existent non écrits. Tu portes leurs conseils dans ta conscience. Lorsque tu agis contre ta conscience, tu deviens coupable.

« Comme nous pardonnons à ceux qui nous ont offensés. »

Vous avez un magnifique proverbe qui prétend qu'il faut commencer par balayer devant sa porte. En effet, comme juge, on court souvent le risque de vouloir se situer au-dessus de celui qu'on veut juger. Un juge est aussi un serviteur du prochain. Un serviteur est un assistant. Son premier devoir est de faire prendre conscience à l'accusé de sa faute et pour le conduire sur la voie du repentir. Chacun porte partiellement la faute de l'autre et est rempli d'amour envers lui. Surtout lorsqu'il est devenu coupable.

« Donnez-nous la force de résister à la tentation. »

La tentation est une épreuve pour la volonté, tout en montrant en même temps la maturité d'un homme. Elle est importante et nécessaire. Dans le « Notre Père » , il est dit : « Et ne nous conduis pas à la tentation. » C'est bien dit. Ce n'est pas le Père qui vous conduit à la tentation, mais la tentation qui se présente à vous pour vous permettre de vous ressourcer et vous apprendre à utiliser votre volonté librement, en parfaite connaissance de vos responsabilités. A partir du moment où la tentation apparaît, toujours sous un aspect de beauté et d'attirance, il faut savoir utiliser en une seule fois toute la force que vous avez emmagasinée. Alors la grâce de cette force implore le Père, qui sera forcément à vos côtés, car il vous aime.

« Et la force de vaincre le Mal. »

Savoir identifier le Mal n'est pas suffisant. Il ne suffit pas de prendre cette décision, il faut aussi le combattre. C'est ainsi que vous pourrez vous libérer vous-même du Mal. Vous n'êtes pas des enfants indépendants, mais des combattants ; vous n'êtes pas des victimes, mais des personnes qui grandissent et mûrissent dans la communauté de la lumière.

« Pour devenir dignes de vous pour toute l'éternité. »

Par la force de la domination de soi, de la croissance et de la connaissance, ainsi que par la force de l'amour, vous vous rapprocherez de la voie de la perfection, et par conséquent de Dieu. Ce Chemin est parsemé d'embûches, indispensables pour parvenir au but. C'est seulement si votre vibration correspond à la vibration de la perfection que vous pourrez être accepté par elle. Vous serez alors digne de pénétrer dans le royaume de Dieu.

AMEN

A la fin de ce « Notre Père », un profond silence s'établit, que je n'osai pas briser par mes questions pendant un certain temps.

Puis ma curiosité devint plus forte que l'action des voix, et je voulus savoir comment la forme originelle de cette prière avait pu être autant dénaturée.

La réponse en fut que la forme originelle avait été consignée, avant d'être livrée aux flammes dans le célèbre incendie de la Bibliothèque d'Alexandrie.

Comme je ne connaissais de mémoire qu'un incendie en l'an 47 *avant* Jésus Christ, je me mis donc à compulser mon dictionnaire où je trouvais confirmation d'un autre incendie, allumé par des chrétiens pieux pour se débarrasser du temple païen de Sérapis. Malheureusement, une étincelle étendit les ravages, qui consumèrent le reste de la bibliothèque. C'était en l'an 347 après J.-C., et si les zélateurs de Dieu avaient compris ce qu'ils allaient déclencher par leur ignorance, peut-être cette démonstration de la tolérance chrétienne n'aurait-elle pas eu lieu.

Au début des années quatre-vingts je suis tombée « par hasard » sur une conférence philologique portant sur les langues des mers du Sud. J'avoue m'être plutôt ennuyée jusqu'à ce qu'un conférencier entreprenne une expérience très intéressante avec le public. Il nous dit des mots dans une langue complètement inconnue en nous proposant à chaque fois deux termes allemands et nous devions trouver intuitivement lequel correspondait le mieux au mot étranger.

Nous avons presque trouvé le bon à chaque fois.

Le son du mot étranger produisait une vibration qui correspondait exactement à notre langue. Il n'est donc pas nécessaire d'aller dans les mers du Sud, l'expérience fonctionne aussi bien avec n'importe quelle langue.

Ce n'est que plusieurs années plus tard que j'ai pris possession des « formules de lumière » avec lesquelles on peut tout atteindre, sous réserve qu'un professeur vous les ait expliquées. Ces formules se composent de combinaisons de consonnes et de voyelles, paraissant au premier abord complètement arbitraires. C'est seulement lorsqu'on a appris à percevoir l'énergie vibratoire produite par ces suites de sons, qu'on comprend pourquoi ces formules signifient guérir, tuer, s'éveiller, s'endormir, engendrer l'amour ou la haine.

Et, si d'aventure, un musicien lit ces lignes, il lui faut bien savoir que s'il connaît le secret de ces formules, qu'il les a assimilées correctement, il est à même de produire un « succès » après l'autre. L'ennui, c'est que celui qui comprend ce mystère ne s'intéresse plus à ce genre de « succès » !

En outre, ce savoir comprend aussi l'appartenance des sons aux voyelles, l'appartenance des harmonies aux consonnes. Au début, je pensais, dans mon incompréhension infantile, que l'ouverture ne devait pas être si difficile, mais en cours d'apprentissage, je me suis rendue compte de plus en plus que même si je vivais jusqu'à 90 ans, je ne pourrais effleurer qu'une infime partie des potentialités infinies résultant de ces combinaisons de mots avec les sons connus. Peut-être pourrait-on résoudre le problème avec un ordinateur ?

Mais où sont donc passés tous les ésotéristes, qui sont capables de relier le spirituel au matériel, dans son acception de science secrète, pour le bien d'autrui ?

Il faut aussi que j'apprenne que chaque mot, de même que chaque action, est répertorié dans l'*Akasha*, la bibliothèque de l'infini.

LA CHRONIQUE AKASHIQUE

La Terre sur laquelle tu vis existe depuis sensiblement plus longtemps que ne l'admettent vos scientifiques. De même, l'homme habite sur cette planète depuis un temps infini. Il s'est développé à partir des cellules originelles, dont tout résulte sur cette Terre. Une amibe et un homme se composent de la même énergie cellulaire. A un certain point de leur évolution, il y a eu une influence telle sur les hommes, qu'ils ont été rendus capables de penser et de devenir eux-mêmes créatifs. Cette impression vient de l'extérieur et n'est pas d'origine terrestre.

La Terre a hébergé pendant des millions d'années, des entités dont la trace a disparu en partie, ou s'est mêlée à d'autres, de telle sorte qu'on ne puisse plus les reconnaître. Un grand nombre de ces traces subsistent encore, mais sont mal comprises ou mal interprétées par vous.

L'un des vestiges de telles existences est constitué par les pyramides. Ce ne sont évidemment pas des tombeaux. Les pièces que vos savants décrivent comme des chambres mortuaires étaient en réalité les pièces où avaient lieu les initiations. Au point précis de la pyramide, et lors d'une certaine position de la lune, se forme une concentration énergétique qui permettait à son adepte d'atteindre l'état nécessaire à l'initiation.

Les légendes divines que tu connais sont autant de fragments d'événements qui ont eu lieu sur Terre.

Il y a chez vous des gens qui croient que votre planète a été visitée et habitée par des extraterrestres il y a bien longtemps. Ce n'est pas tout à fait vrai. Car les êtres qui ont développé une si grande influence sur les humains ne proviennent d'aucune planète, ce sont des entités énergé-

tiques exerçant une influence sur la matière, sous toutes ses formes.

(A ce propos, je demandai à tout hasard si cela pouvait avoir un rapport (au sens large du terme) avec l'Immaculée Conception de Marie. A cette question, on me répondit « Oui ».)

C'est pourquoi il a été possible de construire des édifices de la taille des pyramides ou d'empiler des blocs de pierre énormes les uns sur les autres, sans les cimenter.

Ces entités étaient capables de se matérialiser sous une forme apparemment humaine. Je dis à dessein « apparemment », car seule leur apparence était en fait humaine. Leurs cerveaux étaient extrêmement évolués, contrairement aux cerveaux des habitants de la planète à cette époque-là. C'est cela qui les a rendu aptes à accomplir ces exploits, considérés par les hominidés comme des miracles. Les « dieux » de vos légendes, de même que les « fils de Dieu » issus de la Bible, étaient aussi des entités matérialisées issues de l'énergie cosmique.

Beaucoup d'entre elles ont mal utilisé leurs capacités, soit leurs forces, afin que les résultats perturbent le plan créateur pour la Terre. Souviens-toi que tu as déjà entendu parler des suppositions de vos savants à propos des géants sur Terre, les fils d'Enoch. C'est juste. Il y a eu aussi des animaux humains nés d'accouplements illicites, en contournant le code génétique qui empêche normalement de telles choses.

On ne joua pas seulement avec les forces sexuelles, mais aussi avec les énergies atomiques, ce qui conduisit à la catastrophe.

(J'ai demandé si la chute de l'Atlantide était liée à de telles erreurs. On me répondit qu'il en fut bien ainsi).

Celui qui ne respecte pas les lois naturelles et les lois de la matière est puni de telle manière que l'ordre tend à se rétablir dans sa forme originelle. Cela peut prendre la forme d'une catastrophe, ce qui a bel et bien été le cas. Cette catastrophe a complètement transformé la configuration de la Terre. Si tu pouvais rapprocher le continent européen du continent américain, tu pourrais voir que ces deux parties de la Terre fusionnent à merveille. La partie commune a disparu dans la mer, voici 15 000 ans.

La partie disparue s'appelle l'Atlantide. Ses habitants étaient les Atlantes, qui descendaient des Lémuriens. Leur force était dans l'empirisme mental et expérimental. Les meilleurs d'entre eux ont été formés dans les temples. Leurs maîtres étaient semblables aux humains, comme je l'ai déjà dit.

(Ensuite, j'ai voulu aussi savoir pourquoi les scientifiques – pour peu qu'ils croient à l'existence de cette partie de la Terre – n'ont pas pu se mettre d'accord sur sa localisation. La réponse fut étonnante, mais tout à fait logique).

L'Atlantide avait plusieurs colonies. C'est pourquoi tu trouves des pyramides en Egypte et au Mexique, c'est pourquoi les noms des lieux se ressemblent sur des continents différents encore aujourd'hui.

En outre, tous les habitants ne sont pas morts lors de la destruction de l'Atlantide. Beaucoup d'entre eux avaient été prévenus ou avaient eu un pressentiment, d'autres ont pris la fuite au dernier moment pour se réfugier en grande partie vers les colonies.

La catastrophe est due à une série d'erreurs s'étendant sur plusieurs générations. Les Atlantes étaient capables d'utiliser l'énergie solaire, par l'intermédiaire de certains cristaux, de la condenser et de la concentrer. Ils pouvaient aussi conserver cette énergie et l'utiliser à volonté. C'est une mauvaise utilisation de cette énergie concentrée qui provoqua la catastrophe. Et l'Atlantide a disparu dans la mer.

Un homme mûr, inspiré, est capable d'apprendre tous ces événements dans la chronique akashique. L'Akasha est la bibliothèque spirituelle de notre Terre. On ne peut pourtant pas la comparer à un livre d'histoire, car elle conserve les événements impérissables qui se dérobent à nos sens. C'est pourquoi aucun archéologue ne trouvera de preuves concernant les événements des temps anciens, à moins qu'il ne soit initié, inspiré, et qu'il sache lire ces signes.

La porte de l'Akasha ne s'ouvre qu'à celui qui reste en contact avec le monde spirituel, lequel lui livre ses images et lui transmet son savoir.

La condition pour y parvenir est une conscience aiguë et une puissance de perception tout aussi aiguisée.

L'Akasha s'ouvre non seulement pour révéler des images du passé, mais aussi pour donner conscience à celui qui le contemple des fautes qui ont été commises dans des temps immémoriaux et pour lui offrir une opportunité d'avoir une influence sur le développement de l'humanité, au risque de répéter ces erreurs et de déclencher une catastrophe analogue.

(J'objectais à ce moment-là que la découverte de l'énergie du cristal n'avait pas encore commencé).

Les êtres humains n'ont pas encore appris à conserver l'énergie... Tu remarqueras cela, lorsque le nombre des centrales atomiques augmentera. Les accidents seront proportionnels à l'incapacité des hommes pour contrôler ces énergies.

*(*Cette prédiction avait été faite en 1979, alors que rien n'avait encore été dit à propos de Tchernobyl*).*

Naturellement, dans la chronique akashique se trouvent consignés non seulement le destin de toute la planète, des peuples entiers et les grands événements historiques, mais aussi le destin et les actions de chacun. C'est pourquoi des voyants particulièrement doués peuvent prédire leur destin aux êtres humains, car certaines données se répètent dans l'existence.

Néanmoins, on ne peut jamais prévoir par l'Akasha comment l'homme va se comporter, puisqu'il est en possession de sa libre volonté. L'Akasha ne donne de précisions sur l'avenir que si cela a un impact sur la vocation de la personne. Une prédiction peut être aussi une indication, mais ne peut être délivrée qu'à des gens mûrs, capables d'utiliser une telle indication en toute indépendance.

Et seul peut faire de telles prédictions un homme capable de comprendre les lois spirituelles. Un chimiste qui maîtrise sa science peut aussi prédire ce que la combinaison de certaines substances peut donner. Il a une expérience suffisante, il n'a plus besoin d'expérimentations. Il en est de même avec les lois spirituelles. Pour celui qui sait, aucune difficulté ne se pose pour prédire ce qu'une certaine action pourra enclencher. Pour lui, l'échéance est évidente. Il « se souvient ».

Ce sont de telles images qui composent la chronique akashique.

Au début, j'ai éprouvé quelques difficultés à utiliser cette grande bibliothèque spirituelle, mais j'ai fini par comprendre que je ne m'étais pas représenté ce phénomène autrement que comme un énorme ordinateur, aux capacités infinies.

Je me mis ainsi à réfléchir sur les rapports entre le stockage et le karma. Si chacun de mes actes était engrangé dans ce système, la représentation d'une banque et de son compte positif ou négatif en devenait logique. Il en résulte que le karma, qu'il soit collectif ou individuel, ne se laisse annuler que par des actes analogues. Ce n'est qu'ainsi que le cercle éternel de la faute et de l'expiation de la faute peut être interrompu. Un autre facteur important fait aussi partie de ce circuit : l'identification de la cause et de l'effet, la compréhension du caractère logique des lois karmiques.

Si j'ai choisi d'être incarnée sur cette Terre pour aller au-delà de la loi de la faute et de la punition vers une existence non-terrestre, il faut bien que j'atteigne au plus vite le dépassement du circuit infernal des incarnations terrestres, par l'équilibre conscient des facteurs où j'ai pu commettre des fautes.

Je me heurtais alors au principal problème de tous les gens à la recherche de leurs fautes passées : comment pouvais-je me souvenir ?

Je rencontrais des personnes plus ou moins connues capables de me ramener à d'autres réincarnations; toutes me rappelaient des images desquelles je croyais pouvoir extraire différentes époques, lieux et faits de mes vies antérieures. Pourtant ces faits ne se recoupaient jamais. Par exemple, lorsqu'une image disait que j'avais été grande prêtresse en Egypte, j'étais en même temps actrice en Grèce, et sur une troisième, scribe dans la Rome antique. S'il me fallait consigner ici toutes les données que j'ai obtenues au cours des années, il me faudrait rallonger ce livre d'au moins un tiers !

J'en arrivais finalement à la conclusion que la seule personne capable de répondre à ces questions cruciales, ne pouvait être que moi. Mais comment réactiver les souvenirs ? J'avais déjà du mal à retrouver les souvenirs de mon enfance...

J'ai commencé à poser des questions au cercle de mes amis et de mes relations, pour savoir s'il existait des techniques particulières, mais ils ne me conseillèrent dans ce cas que des techniques de retour en arrière, lesquelles n'ont strictement rien donné jusqu'à présent. Ce qui me frappa lors de ces recherches, ce fut le fait qu'il y avait eu dans mon entourage immédiat beaucoup de rois, de princes, de savants, de prêtres, donc de gens à position élitiste, alors qu'apparemment personne n'avait été une seule fois incarné en tant que femme de ménage, ouvrier ou femme au foyer. Cela me donna à réfléchir.

Même dans les « rencontres » ésotériques qui avaient déjà eu lieu à cette époque-là, et que l'on appelle aujourd'hui« congrès », je ne trouvais que d'ex-grands-prêtres, des réincarnations d'Adam et d'Eve, de nombreux ex-chefs d'Etat et beaucoup de personnalités célèbres à d'autres époques, dans les domaines culturel ou scientifique. A mon avis, il y avait quelque chose qui n'allait pas.

Il ne me restait plus qu'un moyen pour éclaircir le problème : il fallait que mes conseillers de l'au-delà me viennent en aide. C'est ce qui devait arriver.

REINCARNATION ET KARMA

Pourquoi cherches-tu avec autant d'acharnement, ce que tu as été dans d'autres existences ?

Regarde-toi, regarde ta vie. Tout ce que tu as été s'y reflète, de même que tout ce que tu as fait à ce moment-là

Tous les talents que tu as pu avoir sont rassemblés en toi, tout le savoir que tu as amassé peut être rappelé par ton subconscient.

En naissant, lorsque tu as incorporé à nouveau ton âme, tu as déjà dépassé la limite entre l'immatériel et le matériel.

En entrant dans ton corps, tu as accepté les conditions de la matière. L'oubli en fait partie. Cet oubli est une grâce et il a un sens profond : il faut que tu te concentres sur ta vie actuelle et que tu possèdes toutes les possibilités de donner cours à ta libre volonté, sans l'influence d'actions et de souvenirs antérieurs.

*(*J'ai demandé si les retours en arrière pouvaient être utiles, s'ils étaient possibles*).*

Si cela correspond à la maturité et à la vocation d'un être humain, il est possible de lui laisser entrevoir certains rapports. Un bon observateur peut, dans les sept premières années d'un enfant, voir de nombreuses indications sur ses existences antérieures. Les inclinations, les talents, les répulsions, les peurs et les formes de comportement informent sur des habitudes acquises dans des vies antérieures.

*(*C'est ici qu'est apparue pour la première fois la question des bases génétiques. Finalement, mon hélix se compose des qualités de mes parents et de celles de mes ancêtres*).*

Cette réflexion est tout à fait juste et sans contredire aucunement les faits, car tu as aussi choisi tes parents sous cet aspect. Ceux-ci ne sont pas forcément des gens proches de toi, dans un environnement qui te permet de t'introduire sans peine dans ton cycle de vie.

La constellation génétique de tes parents doit être configurée de telle sorte que tu puisses faire face aux exigences de ton programme de vie. Certaines carences, que tu as recherchées et acceptées pour des raisons karmiques, font évidemment partie de tout cela, dans le but de t'apprendre à t'adapter et d'aiguiser ton sens social.

Un obstacle n'est jamais là par hasard, et doit permettre à la personne concernée d'engranger dans sa conscience certaines valeurs, relatives à ce manque et à ces limitations afin de se préserver d'éventuelles erreurs futures.

Par exemple, prenons le cas d'un homme qui, dans son existence antérieure, n'aurait vécu que ses besoins énergétiques, sans jamais se soucier des droits de ses semblables, qui n'aurait jamais compris qu'il peut être aussi responsable des autres. S'il est bien conseillé et s'il admet ces conseils, lors de sa prochaine incarnation il devra accepter en compensation un manque qui le forcera à compenser ce défaut issu de sa vie antérieure.

Je te cite cet exemple parce qu'un cas de ce genre peut se produire dans ton entourage (... cela était parfaitement vrai*). Tu sais de qui je veux parler. Ce jeune homme, à cause d'une grave perturbation auditive, doit apprendre à vivre avec une grande concentration par rapport à son entourage, à étudier chaque mouvement de la bouche et des muscles du visage, chaque mouvement du corps, et il lui faut apprendre douloureusement qu'il est lui-même dans l'incapacité de s'exprimer. L'isolement qui en résulte le conduit vers le difficile apprentissage de l'importance* *du prochain, de la maturité, qui lui permettra de s'intégrer au système social.*

Ainsi, tout obstacle donne à celui qu'il atteint, mais aussi à son entourage, les moyens pour enrichir sa conscience par l'aggravation des épreuves, d'accélérer et de parfaire son processus de maturation. Il ne faut jamais ressentir une telle situation comme une punition.

*(*Je m'arrêtais là, car je me sentais dépassée. J'en déduis que si je mettais un jour au monde un enfant débile ou si je devenais moi-même infirme du jour au lendemain, ce destin serait ressenti comme une punition*)*.

Vois-tu, il en est malheureusement ainsi, l'homme n'arrive à apprendre que par la douleur et la souffrance. Essaie toi-même de te rappeler ceci : le bonheur t'a-t-il appris une seule fois quelque chose ? Même si tu en es reconnaissante, ce n'est qu'un repos. Car l'homme ne progresse que par la souffrance.

*(*Cette déclaration m'intéressa au plus haut point. Elle correspondait à un schéma trop bien connu, mais souvent unique pour moi, de la « vallée des larmes » où nous vivons – malheureusement !*)*.

Non, nous n'avons pas le droit de définir la Terre comme une vallée de larmes, pas plus que vos écoles comme des lieux de punition. Les deux, chacune à leur façon, sont des stations importantes sur le chemin d'une évolution qui n'est pas toujours agréable. Pensez seulement aux angoisses auxquelles toi et tes camarades de classe étiez en proie avant chaque examen. Mais souviens-toi aussi de votre joie pendant les voyages collectifs.

Compare aux tâches imposées par la vie, et tu remarqueras que la différence est faible. Il y a un temps pour le repos, un temps pour la joie et un temps pour l'effort et pour le don de soi. Seul celui qui se repose n'apprendra rien, et l'ignorance est l'unique chose qui ne s'apprendra pas. Néanmoins, le temps de repos constitue un pôle opposé, aussi nécessaire et important, que celui du travail. Il faut préserver la tranquillité, de même que le travail accompli. Regarde avec attention dans les horoscopes de chacun à quel point les constellations d'énergies sont liées à ces qualités opposées de temps.

Or, cette offre est soumise à la libre volonté de l'homme, qui peut en percevoir ou non la possibilité.

Songe à une telle situation, lorsque autrefois, sans penser aux exigences du lendemain, tu veillais tard dans la nuit. Ensuite, tu étais incapable de venir à bout des tâches qui t'étaient imputées. Il en va de même en ce qui concerne les grandes tâches et les grandes épreuves que ton plan d'existence t'imposent. Si tu n'es pas armée physiquement et psychiquement, tu ne pourras pas les réaliser comme tu le désires, tu souffriras de cette situation et tu ressentiras toute ton existence comme une souffrance.

Les coups durs du destin même peuvent être surmontés, lorsque la personne concernée parvient à trouver dans les moments heureux de sa vie la force qui aurait dû lui être accordée. Cela a aussi quelque chose à voir avec la compréhension et la reconnaissance. Celui qui ne réagit qu'à propos des contrariétés de son existence a bien sûr de bonnes raisons, comme tu le dis si pertinemment, de se livrer à des « lamentations ».

*(*J'en vins pour la seconde fois à parler de l'intensité des coups du destin*).*

De nombreux coups du sort peuvent te paraître cruels et injustes mais je tiens à te rappeler que nul n'a plus à souffrir de son destin que ce qu'il ne l'a réellement mérité.

Ce que l'homme est contraint de supporter aujourd'hui revient en fait au même que ce qu'il a pu infliger à autrui dans ses vies antérieures. Cela ne signifie pas que l'événement soit le même, mais que l'intensité de la souffrance lui soit équivalente. Tu as déjà fait l'expérience toi-même : chez les jeunes enfants, un léger accent de déplaisir suffit souvent à les avertir de changer d'attitude. Chez d'autres enfants, il faut recourir à des mesures plus drastiques pour qu'ils comprennent enfin. Il en va de même concernant les âmes. Chacune n'est pas obligée de vivre à l'identique la même catastrophe qu'elle a pu provoquer autrefois. Quoique l'impression puisse en être la même.

(Ensuite, j'ai voulu lui demander si l'efficacité des coups du sort n'était pas plus grande lorsque la personne concernée pouvait faire le discernement entre les tenants et les aboutissants de son destin).

Si tu pouvais te rappeler tous tes actes, bons ou mauvais, ce serait plus un poids particulièrement lourd à porter qu'une progression dans l'évolution de la connaissance. Ton supraconscient a enregistré toutes tes œuvres et ramène chaque événement dans son contexte convenable.

(A ce moment, j'ai soudain pensé aux suicidés, peut-être était-ce parce que quelques semaines auparavant, un proche ami s'était supprimé).

Le suicide est aussi un acte de libre arbitre, même si c'est un acte de désespoir qui relève d'une perturbation de l'aura et des chakras. Je t'ai déjà dit souvent que l'angoisse est la plus destructrice de toutes les énergies de pensée. L'aura devient perméable comme un manteau troué de mites, l'énergie produite par les chakras ne peut plus être contrôlée ni remplacée en quantité suffisante;

alors l'homme perd ses défenses. Un sentiment de paralysie apparaît. Si la personne attaquée ne reçoit pas d'aide extérieure, elle se trouve livrée à des puissances destructrices que tu peux considérer comme négatives, mais qui ne font rien d'autre qu'éliminer les organismes incapables de vivre.

La faute ne réside pas dans l'acte de suicide, mais dans l'acceptation des sentiments négatifs qui y conduisent. Mais la drogue, l'alcoolisme et l'utilisation inconsidérée d'énergie concentrée (je veux parler de magie) peuvent conduire un homme à exprimer par ce biais son incapacité à réaliser son programme existentiel en suivant un plan déterminé. Les signaux qu'il émet s'il se trouve à un tel stade de déchéance humaine, engendrent les conséquences dont j'ai déjà parlé auparavant. Le suicide ne peut en être que le résultat.

Dans un premier temps, pendant les jours qui ont suivi, j'ai eu du mal à accepter ce message. Pourquoi, me suis-je dit, des anges gardiens permettent-ils de tels actes ? Pourquoi n'interviennent-ils pas ?

En me retrouvant dans une telle impasse, j'avais l'idée de consulter mon amie astrologue Nati. Je voulais savoir si l'on pouvait voir les suicides dans un horoscope, et ce, non pas après coup, quand il était trop tard, mais juste avant.

On le peut, bel et bien.

Grâce aux connaissances sur l'astrologie karmique de mon amie, j'ai dû me rendre à l'évidence que presque tous les suicidaires parvenaient dans leur nouvelle existence à un point où il leur était possible d'en finir avec une situation non réglée dans une autre existence.

Puis, j'ai découvert un autre phénomène intéressant au plus haut point, me touchant directement cette fois. J'ai vu dans mon horoscope une constellation de suicide incontestable, qui apparaît éclatante et ceci non pas à un *certain* moment de mon existence, mais *tout le temps*.

Je compris ainsi peu à peu pourquoi ce thème avait éveillé de ma part autant d'intérêt et pourquoi il y avait autant de gens dans mon entourage qui jouaient avec la notion de suicide, voire à la mettre même en pratique.

En unissant nos forces, nous avons découvert finalement mon arrière-plan personnel, que je n'expose que parce qu'il exclut les composantes drogue et magie noire.

Je m'avère avoir déjà été une âme hautement évoluée, à la limite de vivre là ma dernière incarnation sur cette planète. Je me trouvais dans une situation extrême, qui mit à l'épreuve tout mon savoir et toute ma force ; mais j'échouais de manière lamentable, me laissant piéger pour une tentation inimaginable.

Le réveil en fut d'autant plus atroce. Non pas parce que j'avais voulu me suicider à cette occasion. Non, je ne suis jamais allé si loin. J'ai vécu encore quelques années de souffrances et de regrets avant de mourir en continuant d'être toujours très bien estimée par mon entourage, ce qui a eu pour effet d'aggraver mon cas, du fait que ces sentiments venant de la part de mon environnement ne me semblaient nullement justifiés.

Une fois arrivée de « l'autre côté », je n'ai pas eu besoin de longues explications : il était clair que je devais recommencer ma vie sur un plan plutôt moyen d'évolution.

Il a donc bien fallu que je me réincarne dans des conditions nettement plus désagréables et dans un environnement me conduisant au désespoir. Le pire, c'est que j'ai aussi commencé à me rappeler un certain nombre d'événements..

Non pas de ma dernière existence, ce que j'aurais peut-être mieux supporté en définitive, mais comment c'était *là-bas*.

Je vivais dans un constant désir latent de mort. En passant sur chaque pont, en montant en haut de chaque tour, il me fallait faire des efforts pour ne pas sauter : cela me semblait d'une facilité incroyable, un cadeau merveilleux que je n'avais qu'à saisir....

Les plus grands succès, les hommages les plus chaleureux ne pouvaient pas m'ôter de l'idée que j'aurais dû être ailleurs. C'était là ma véritable punition. Je ne connaissais aucun bonheur, et pis que cela, je ne pouvais éprouver aucun amour, car mon renoncement m'avait aussi séparée de mon alter-ego, avec lequel j'étais liée par l'amour le plus profond et le plus pur.

Pourtant, je n'avais pas tout perdu.

J'avais au moins le nouveau savoir, l'art et la manière de rapiécer un manteau d'aura tout troué, au point de le remettre même complètement à neuf. Et, en utilisant mon savoir, je réussis à redevenir stable. Sans que cela ne soit utilisé que pour moi : tout se mit en œuvre au plus profond de moi pour m'expliquer à quoi correspondait le besoin de ne plus partager cette vie avec les autres.

Je me rendis compte que je ne pouvais surmonter cette épreuve qu'en apprenant aussi vite que possible à aimer et à accepter sans rémission.

Bien que tout cela remonte à trois incarnations, c'est toujours aussi visible dans mon horoscope.

Je me posais alors la question de savoir combien cette histoire malheureuse aurait pu compter dans mes annales, si j'avais cédé à la tentation de me supprimer alors, ou dans mes vies suivantes.

La chère Nati m'a expliqué que les conséquences en auraient été catastrophiques.

Lorsque je posais la même question à mes aides de l'au-delà, ils m'ont répondu que cette supposition était tout à fait juste.

Des entretiens avec divers médecins et psychologues m'ont confirmé que dans 99% des cas, le suicidaire annonce son intention. Il faut que ce cri d'alarme soit perçu par tout le monde, car il démontre simplement qu'une personne est dans l'incapacité de stabiliser son aura. La seule méthode de guérison passe par l'amour.

Lorsque j'ai commencé à poser des questions sur ce sujet, j'ai reçu une telle quantité d'informations, que je me suis retrouvée devant une montagne de documents; j'ai essayé de rassembler ces éléments en rapport étroit avec le karma, la réincarnation et donc avec *tous* les thèmes qui pouvaient être abordés.

Sous le coup d'une impulsion mentale que j'ai suivie, et que, pour cette raison, j'appelle ma « nouvelle version », j'ai mis de l'ordre dans mes papiers, de façon parfaitement arbitraire, pour arriver à une classification faite au hasard et qui est on ne peut plus logique.

En résumé, car beaucoup de choses se répètent, le chapitre suivant contient 102 témoignages que j'ai recueillis en l'espace de quinze ans dans divers pays, parfois dans des conditions invraisemblables (chambres d'hôtel, vestiaires de théâtres, salles d'attente), mais aussi inattendues. Un grand nombre de témoignages est marqué par ma propre façon de vivre, qui a posé des problèmes inconsidérés à mon entourage ; je n'ai plus qu'à espérer à présent que mes réponses leur apporteront aide, consolation et joie, comme à moi-même.

SEXE, EROS, AGAPE

LA VOIE DE L'AMOUR PARFAIT

Tu viens de l'amour, tu as été créée par lui, tu retourneras à ton origine par lui et à travers lui.

L'amour est une expérience que tu dois d'abord comprendre en toi-même avant d'être capable de le rendre.

L'amour fait partie des besoins les plus profonds de l'homme. Non seulement l'homme, mais le cosmos en son entier vivent de cet échange d'énergie. Celui qui se départit de cette vibration est rendu incapable de vivre et sujet à toutes les impulsions négatives.

(Etant issue de l'amour, pourquoi me serais-je séparée de lui, ou tellement éloignée, au point qu'il me faille aujourd'hui à nouveau apprendre à déclencher cette vibration pour en vivre ?)

Vous tous qui vivez sur cette Terre, qui y êtes incarnés, vous participiez à la séparation volontaire de la Lumière primordiale et de l'environnement de votre créateur, qui vous ont été donnés des dons pour pouvoir LUI ressembler. Vous auriez pu être créatifs. Vous avez abusé de ces capacités en vous éloignant de plus en plus de l'origine, de telle sorte que les vibrations sont devenues de moins en moins subtiles, de plus en plus denses, jusqu'à ce qu'elles aboutissent à la matérialisation. Vous vous êtes ainsi enfermés dans une cage et dans un processus d'apprentissage qui vous contraint à monter, en commençant tout en bas, dans les vibrations élevées de l'amour divin, de la force originelle.

(Cette séparation aurait-elle quelque chose à voir avec le péché originel ?)

Oui, le péché originel n'a finalement été qu'une séparation volontaire de la force primordiale : en même temps, s'est créée une énergie de forte résistance doublée de son action opposée. Son initiateur aurait été Lucifer, issu de la même entité énergétique que le Christ : il s'agissait d'un esprit très élevé voulant dépasser son propre Créateur et modifier les lois selon ses propres conceptions. Cela n'aurait pu être possible qu'en recueillant l'appui de millions d'anges. mais un grand nombre d'entre eux n'a pas daigné répondre à l'appel de cet ancien « porteur de lumière ». Au contraire, ceux qui l'ont suivi ont perdu de plus en plus de leur énergie subtile et de leur force au point de se retrouver figés dans la matière.

Lorsqu'ils se sont aperçus de leur erreur et de ce qu'ils avaient déclenché du fait de leur résistance, ils ont été profondément désespérés et, remplis de remords, ils ont tenté de recourir à la subtilité de l'énergie du Christ. Or, un retour en arrière par cette voie n'était plus possible, car leur modification ne leur permettait plus d'exister dans une énergie aussi élevée.

Il leur a donc fallu attendre pendant des millénaires une évolution de la matière, pendant laquelle ils ont pris conscience de leur séparation et de leur isolement.

Ce n'est qu'au moment où l'évolution générale a permis d'atteindre le stade de la matérialisation formelle en pouvant assimiler une âme, que ces êtres déchus se sont vus offrir la possibilité d'évoluer à nouveau vers leur très haute énergie originelle.

*(*Serais-je donc un ange déchu ?*)*

Tu es un être spirituel qui avait participé à la révolte.

*(*Tous les êtres sur cette planète sont-ils dans ce cas ?*)*

Oui, presque tous. Seulement quelques êtres spirituels des autres plans se sont déclarés prêts à servir l'humanité (en s'incarnant). Mais ils ne sont pas très nombreux.

(Que sont ou qui sont donc nos anges gardiens ? Sont-ils des êtres ralliés à Lucifer ou appartiennent-ils à la force originelle divine ?*)*

Vous appartenez tous à la force divine originelle, sinon vous ne pourriez pas exister. Une partie seulement d'entre vous a abusé de ce pouvoir. Vos anges gardiens sont pareils à vous, et la plupart d'entre eux ont parcouru le même chemin que vous. Dans leur propre évolution, ils sont dépendants de la vôtre. Dans leurs décisions, ils dépendent d'êtres supérieurs, dont ils suivent les injonctions. Leur degré de maturité est variable, et correspond à celui de l'être protégé qu'ils accompagnent. Un ange gardien se différencie de toi par le fait qu'il n'a pas besoin d'un libre arbitre, car il se contente d'appliquer les lois.

(Je compris d'un seul coup qu'il existe des anges gardiens et des anges protecteurs*).*

Très juste. Ils se différencient par l'utilisation du libre arbitre. Mais tous sont soumis aux mêmes lois, et surtout à la loi de l'amour, la loi de la réciprocité.

L'école élémentaire de l'amour est l'expérience de son propre corps, au vrai sens du terme. C'est par le sexe, l'amour exclusivement corporel, que l'homme apprend à ressentir des sentiments qui le situent au début de l'apprentissage de la sensualité. La proximité, la chaleur d'une autre personne, la satisfaction des besoins et des instincts sexuels sont les bases inférieures, mais nécessaires, de l'amour.

Le niveau suivant, plus subtil, est celui de l'Eros, qui contient l'amour sexuel, mais en plus l'échange de désir et de don de soi. Il s'agit non seulement de satisfaction physique, mais aussi de la prise en considération des sentiments de l'autre, ressentis comme une réaction. Le partenaire sexuel n'est plus seulement ravalé au rang des objets de désir, mais il devient le complément désiré et aimé du propre Moi.

C'est par cette forme de l'échange amoureux qu'on apprend l'agape, l'amour illimité de l'Autre, infini, ne demandant rien, n'attendant rien, ne calculant pas, qui n'est donné que pour lui-même et se trouve très proche de l'amour de Dieu dans sa subtilité.

Elle contient le renoncement, le pardon, la pitié, la joie d'être ensemble, l'absence d'envie, la reconnaissance, le bonheur de procurer de la joie, le fait d'être prêt à aider, mais aussi la satisfaction de soi, qui n'est pas l'amour de soi, mais simplement le fait d'être en Dieu. Chacun recherche cette forme d'amour sur la voie de la perfection.

Si une relation amoureuse repose sur une attente de réalisation de certains souhaits et sur certaines projections, il ne faut pas être déçue si tu n'obtiens pas le résultat espéré. Car l'amour n'exige rien et n'attend rien. Il se suffit à lui-même.

La jalousie n'est qu'une expression d'immaturité. Tant que tu auras tendance à considérer ton partenaire comme ta propriété, tu n'auras rien compris à la pure forme de l'amour. L'amour, c'est aussi avoir confiance et conscience dans le fait qu'on ne peut rien « t'enlever ». Un partenaire qui laisse prise à la jalousie réagit à cette proposition. Car si tu connaissais bien les lois de l'amour, tu n'aurais pas un partenaire de ce genre-là. Par le fait que tu n'as pas encore parfaitement assimilé cette loi et que tu ne l'as pas encore intériorisée, tu tomberas toujours sur des partenaires qui t'aideront à apprendre ce point capital. Mais tant que tu voudras posséder quelqu'un, tu ne seras pas mûre pour la pure forme de l'amour. Quand tu auras appris que tu es entourée d'amour, tu n'auras plus peur d'être abandonnée ou trompée. Quelqu'un qui te trompe montre seulement que ton amour ne lui suffit pas, que ton amour ne le comble pas, c'est pourquoi il lui faut chercher ailleurs. La faute en incombe donc à toi-même.

Bien évidemment, il y a aussi les tentations et les épreuves. Si ton amour est assez mûr, tu n'éprouveras aucune difficulté à comprendre et à pardonner. Tu dois aussi accorder à ton partenaire la libre volonté que Dieu t'a accordée.

(Que signifie cette phrase si connue : jusqu'à ce que la mort vous sépare ? Cela signifie-t-il vraiment qu'un couple qui ne s'entend plus du tout doive rester malgré tout ensemble envers et contre tout ?)

Un couple qui a choisi le lien du mariage n'a pas trouvé par hasard cette forme de communauté. Il doit établir un programme commun, apprendre à vivre à deux, à s'apporter aide et protection, même s'il y a des points de friction. Lorsque cette mission est remplie ou si l'on admet qu'elle ne peut pas l'être, alors le couple peut se séparer en paix. Peut-être chacun trouvera-t-il sa maturité d'une autre manière, ce qui l'amènera alors en un autre point du temps où il pourra à nouveau se remettre à vivre en couple.

(Cela peut-il avoir lieu dans une autre incarnation ?)

Il arrive souvent que des époux se rencontrent dans une autre incarnation, mais pas toujours sous la même forme; il se peut qu'ils aient des problèmes non résolus à régler à travers le rapport parents / enfants ou toute autre forme de parenté. Ils ont néanmoins toujours cette tâche à accomplir.

(Comment expliquer que soient mis au monde des enfants, dont les parents sont conscients que leur vie commune est impossible ?)

Tous les couples parentaux n'ont pas la maturité pour se rendre compte qu'il faut renoncer à la résolution de leurs propres problèmes tant que l'enfant se trouve dans sa première phase de développement. Un enfant a le droit d'exiger toute forme d'attention. Si les querelles des parents ne permettent plus une évolution harmonieuse, il faut que les parents se séparent. Il faut alors que l'enfant reste auprès de celui de ses parents qui l'a accompagné au plus près au cours de son évolution vers le stade de la maturité parce qu'il peut lui garantir le meilleur développement futur. Il peut arriver qu'aucun des parents ne soit à même d'élever correctement l'enfant. Dans ce cas, il se présentera toujours une tierce personne capable d'assumer cette tâche. Le devoir des parents est alors de ne pas s'accrocher à l'éducation de l'enfant de manière égoïste, mais d'y renoncer dans l'intérêt de l'enfant.

(Tu m'as pourtant toujours répété que chaque enfant choisissait ses parents lui-même. Quelle raison a-t-il de s'incarner auprès de parents qui sont incapables d'accomplir leur tâche ?)

Une âme ne s'incarne pas toujours chez des parents pour rester dans cet entourage jusqu'à la fin de son enfance. Parfois, le fondement génétique apporté par les parents est seul utilisé afin que le caractère et les aptitudes de l'enfant puissent se concrétiser grâce aux moyens génétiques de leurs parents.

La loi de l'héritage génétique ne contredit en rien la loi de la réincarnation. Une spirale matérielle existe, autant qu'une spirale immatérielle. Lorsqu'une incarnation est planifiée, on choisit un couple dont le code ADN appartient à l'œil immatériel de l'être nouvellement incarné. Naturellement, le lieu et le moment de la procréation et de la naissance sont également calculés de part et d'autre avec précision. Les deux moments jouent un rôle important. Il faudrait que vos médecins finissent par comprendre que l'intervention artificielle dans le déroulement de la naissance est, si elle est inévitable pour des raisons médicales, un crime.

Il en va de même en ce qui concerne le retard artificiel de l'instant de la mort. Quiconque aurait bien assimilé les lois de l'amour n'accepterait pas de mettre ces techniques en œuvre.

Un médecin qui n'a pas compris la loi de l'amour n'a pas le droit d'exercer cette profession.

*(*Qu'en est-il de l'euthanasie ?*)*

Un programme terminé de manière prématurée est et reste un programme qui doit être rattrapé dans une autre vie. La fin prématurée est un acte de libre arbitre, mais elle ne modifie pas la courbe des réalisations. Celle-ci n'est que partie remise. Celui qui prend sur lui d'aider quelqu'un à mourir prend une énorme responsabilité.

*(*Mais l'euthanasie peut être aussi un acte d'amour ?*)*

Oui, c'est le seul cas où ce n'est pas un meurtre.

*(*Donc, l'aide au suicide est légitime du point de vue de l'amour ?*)*

Je n'ai pas dit cela. Aucune intervention dans une courbe de destin naturel ne peut se légitimer. Personne, ayant été « aidé à mourir » ne remerciera son donneur de mort dans l'au-delà. Il aurait été préférable d'alléger la souffrance de la personne concernée en lui expliquant le sens de son état. C'est cela l'amour du prochain.

Au fil de la conversation, nous en vînmes aux thèmes d'aide à la mort, de la médecine, de la naissance et aussi de l'avortement. Les déclarations furent courtes et denses, mais ne touchent le thème de l'amour qu'au sens très large. Je ne voudrais pas en faire un chapitre à part, parce que les informations ont été très brèves, mais il y en a une que je voudrais vous présenter en particulier :

Tout avortement est une intervention dans un processus naturel, et est donc illégitime. Il n'est rien qui advienne au hasard pour le plan divin, pas même la naissance d'un enfant.

(Comment s'accommoder d'une telle obligation, laquelle n'est généralement pas acceptée volontiers, à cause de notre libre arbitre ?)

Tu as tout juste le droit de dire à l'âme par laquelle tu veux te réincarner que tu t'es surestimée et que tu n'as momentanément plus envie de remplir ce devoir. Mets-toi en rapport avec ton entité protectrice. Il peut arriver que l'âme se retire encore et veuille s'incarner plus tard. Mais cela ne peut arriver qu'avec son accord et avec des constellations favorables.

Par ailleurs, cela peut être pratiqué aussi de la même manière. Une dégradation naturelle a eu pour cause le fait suivant : celui qui s'incarne a reconnu que les conditions n'en étaient pas encore idéales, ou qu'une autre possibilité se présentera plus tard, davantage propice aussi bien à la mère qu'à l'enfant.

(Dans ce contexte, j'essayais d'aborder la question visant à éclaircir à quel moment l'embryon reçoit-il une âme.)

Si elle est liée à l'avortement, cette question n'a pas de sens; j'espère que tu le sais bien. Peu importe que tu aies un embryon avec ou sans âme, ton intervention restera dans tous les cas une intervention dans une courbe de destinée. En ce qui concerne l'acquisition de l'âme elle-même, celle-ci se joue de manière aussi individuelle que dans la nature humaine en général. Elle est aussi un acte de libre arbitre. Il y a des âmes qui se retrouvent seulement dans leur corps au moment de la naissance.

(Quel est le moment le plus tôt ?)

Celui de la procréation.

Quand je pense à tout le temps que j'ai passé à « débattre » de ce thème. Et que la solution était, comme toujours, si logique. Les lois étaient valables et logiques, comme d'habitude. Lorsqu'on a compris les lois, on peut s'épargner beaucoup de discussions et donc beaucoup de temps précieux.

En outre, j'ai vécu de nombreux cas où une discussion spirituelle sur la maternité s'est terminée ainsi : dans *tous* ces cas, par une naissance tardive.

L'acceptation d'une âme humaine, le nid qu'on lui tapisse, sont des formes d'amour du prochain auxquelles on se déclare prêt avant de s'incarner. L'acte de laisser à l'extérieur dans le froid, voire même de laisser mourir de faim un hôte peut être comparable à l'avortement. Il ne se passe rien dans notre vie que nous n'ayons accepté avant de nous incarner sur cette planète. Cela peut sembler incroyable à beaucoup de gens. Aucun homme se trouvant de ce côté du seuil de l'oubli n'est à même de comprendre ce qui a pu pousser une âme à s'incarner dans un corps destiné à finir dans un camp de concentration dans des conditions atroces. Et pourtant, il en est ainsi. Personne ne pourra dissiper les derniers voiles dissimulés dans le corps humain.

J'ai la « chance d'une naissance tardive ». Je sais bien d'où vient cette idée. Les collaborateurs, les bouchers, les meurtriers et les traîtres du troisième Reich furent nos parents, et nous avons choisi leurs codes génétiques pour mettre en lumière notre propre incarnation. Cela signifie que les composantes qui ont permis à nos parents de devenir sourds et muets, sont contenues en nous. Il ne nous reste plus qu'à prier Dieu si nous avons à vivre une telle tentation, que nous soyons à même de la reconnaître, ce qui est la condition sine qua non pour lui résister.

Cette force divine n'est rien d'autre que l'amour, l'amour du prochain, et si cette force était parvenue à pénétrer jusque dans les âmes des gens durant les années sombres, autant d'actes abominables n'auraient pas pu avoir lieu. Bénis soient ceux qui ont alors résisté, qui sont même allés jusqu'à la mort pour cela, qui ont risqué leur vie, non seulement pour des amis, mais aussi pour aider des étrangers aptes à pratiquer le grand chant de l'amour et à le transmettre consciemment et sans crainte.

Le fameux philosophe Lao-Tseu, dont personne ne sait ni où ni quand il a vécu, est l'auteur présumé du grandiose *Tao-Te-King*, une œuvre qui devrait permettre à l'homme de se plonger dans la puissance de l'origine du monde. Ce petit livre a le même effet sur le cerveau que l'air des montagnes sur les poumons. Jugez vous-même. Lao-Tseu décrit les conséquences d'une existence sans amour :

Le devoir sans amour rend mécontent.
La responsabilité sans amour rend sans scrupules.

La justice sans amour rend dur.
La vérité sans amour rend hypercritique.
L'intelligence sans amour rend menteur.
L'amitié sans amour rend flatteur.
L'ordre sans amour rend mesquin.
La connaissance sans amour rend orgueilleux.
La puissance sans amour rend cruel.
L'honneur sans amour rend orgueilleux.
La possession sans amour rend envieux.
La foi sans amour rend fanatique.

Sans amour, les plus grandes qualités de l'homme deviennent faiblesse de caractère ou faiblesse tout court. Je trouve que cet extrait de Lao-Tseu montre mieux ce que signifie l'amour qu'une dissertation théologique ou morale de plusieurs pages.

Dans le domaine de l'amour, j'aimerais parler maintenant de la notion de tolérance.

Le mot tolérance vient de la racine latine *tolerare*, signifiant souffrir.

Toutes les personnes avec lesquelles j'ai discuté de ce sujet sont parties du fait que la tolérance était quelque chose de bon, de raffiné et de noble. Je prétendais que la tolérance était une « excuse pour tout le monde ». Pour moi, les gens tolérants sont l'incarnation de « ceux qui se taisent », des gens qui redoutent la confrontation, qui fuient les éléments désagréables plutôt que de s'en débarrasser, mais qui peuvent devenir brusquement agressifs au moment le plus inattendu, parce que leur « seuil de tolérance » a été dépassé.

Je ne suis pas Lao-Tseu, mais je pourrais donner une phrase concise tout à fait dans son style : supporter sans amour c'est de la tolérance. Celui qui aime (les autres) n'a pas besoin de tolérance.

L'un des aspects les plus affreux de la « tolérance » fut l'éducation anti-autoritaire, dont nous avons encore à souffrir. Je tiens cette forme d'activité pédagogique pour la plus dépourvue d'amour et de conscience depuis l'invention de la ceinture de chasteté.

Naturellement, il est beaucoup plus simple d'être anti-autoritaire que d'élever et de diriger vraiment selon les règles les plus valables d'une bonne éducation. Chaque mère, chaque père et chaque éducateur sait ce qu'il en coûte, d'un point de vue strictement nerveux, pour remplir cette sorte de contrat. Ceux qui dérapent sont non seulement normaux, ils sont même parfaitement adaptés, car nous ne sommes pas des robots. Mais ces « délinquants » ne changent rien à la ligne directrice nécessaire et fondamentale d'une éducation bien comprise, celle que nous devons donner à nos enfants. Car elle est une forme supérieure d'amour. L'éducation *sans* amour n'est que terreur, stress, dressage, expression des instincts les plus vils. L'éducation *avec* amour, mais *sans* sévérité devient facilité, laisser-aller et projection de son propre besoin d'amour. Aussi bien l'une que l'autre de ces attitudes pédagogiques se fait au détriment de l'enfant.

Au cours de discussions avec des jeunes, pendant mes conférences, j'en étais venue à parler de l'autorité et j'ai toujours constaté que les jeunes n'avaient absolument rien contre, lorsqu'elle provient de quelqu'un qui constitue vraiment une autorité reconnue. On n'a jamais demandé autant de modèles, et ils n'ont jamais été aussi rares.

La question « Qui faut-il prendre comme modèle ? » est une question à laquelle je me dérobe honteusement, car, dans ce cas, je pense toujours au Président de la République, Monsieur von Weizsäcker et j'ai du mal à trouver quelqu'un âgé de moins de 60 ans.

Où sont donc passées les personnalités précocement mûres qu'on pouvait admirer dans les années vingt ou trente, les révolutionnaires dont la révolte ne correspondait pas à un opportunisme fondamental, mais à un profond sens de la justice, à un sens de la vérité incontournable et à un désir infini de perfection et de beauté ?

Le miracle économique et le bien-être qui en résultent n'ont fait apparemment de bien à personne. Car prises ensemble, ces conjectures et cette culture pour tous sont apparemment étrangères à l'amour d'autrui. Le résultat est un appauvrissement croissant et louvoyant, ayant pour résultat le chômage et – autre résultat d'une politique culturelle insensée – le « numerus clausus ». Un éminent professeur de médecine comme Ferdinand Saverbruch n'aurait aucune chance aujourd'hui, avec ses notes minables, de mettre son génie au service de l'humanité.

Nous n'avons pas encore évoqué la notion de *talent*, qui est la seule chose capable de mener l'homme vers son destin.

J'ai vu échouer un jeune homme de 18 ans dans le domaine de la technique génétique, à propos de laquelle il lui restait encore des souvenirs d'une autre vie. Il était malheureusement très peu doué pour les langues, y compris pour les pratiquer, ce qui lui interdisait l'accès à des études supérieures. Comme il ne voyait pas d'autre solution, il est devenu menuisier et n'exerce actuellement sa spécialité génétique que chez lui, comme un passe-temps.

En ce qui me concerne, je me souviens très bien d'avoir beaucoup souffert dans toutes les disciplines touchant aux mathématiques. J'ai une excellente mémoire des images et des sons, je me rappelle tous les textes, les mélodies et les langues à la façon d'un perroquet, et je n'ai aucun effort à faire pour développer ma créativité en ce domaine.

Toute ma scolarité a été très difficile, personne ne s'étant aperçu que j'étais faite pour n'importe quoi, sauf pour fréquenter un lycée d'orientation mathématique et sciences naturelles. J'ai passé mes examens en copiant sur les plus doués, et en me rattrapant ensuite dans les matières qui étaient les miennes « propres ».

A chaque rencontre d'anciens élèves de la classe, j'ai pu constater qu'aucun des mathématiciens de la classe n'utilisait de langues étrangères, ou très peu ; en ce qui me concerne, en revanche, j'utilise sans doute les quatre opérations arithmétiques et les pourcentages, dont je suis passée maître depuis que j'ai l'aide de mon petit ordinateur.

Conclusion ? J'ai perdu des années à me pencher sur un domaine que mon cerveau était incapable d'appréhender. Il aurait été beaucoup plus utile pour moi de me former en fonction de mes aptitudes, dans les domaines qui ont caractérisé ma voie par la suite : le théâtre, la musique, l'écriture, les langues. Mais non. Moins je comprenais, plus je perdais de temps en cours de rattrapage, sous prétexte qu'il s'agissait de choses sans lesquelles une vie humaine normale ne serait plus possible de nos jours.

Quand je pense à la force et à l'énergie dépensées pendant ma scolarité pour remettre à niveau ma formation dans les domaines qui auraient dû être les miens, le sentiment qui me submerge n'est pas exactement la gratitude envers ceux qui m'ont enseigné pendant des années des sujets qui ne m'ont servi à rien par la suite.

Je me demande quand le système scolaire prendra en compte les différences de maturité, de potentialité, puisque cette diversité a un lien direct avec le nombre et les formes d'incarnation qu'une âme a à traverser ?

Prenons le cas d'une personne, ayant déjà derrière elle plus d'une trentaine de réincarnations, et à laquelle on voudrait enseigner ce qu'on enseigne à une personne qui n'en serait qu'à sa quatrième incarnation...

Egalement, quand se rendra-t-on compte enfin que, si certaines personnes naissent le jour et d'autres naissent la nuit, cela n'a rien à voir avec le hasard ?

On dit toujours que « tout n'est qu'un problème d'habitude » et d'adaptation.

Je connais des centaines de personnes qui, étant nées de nuit, se sont adaptées par discipline et par bonne volonté à un programme diurne, mais qui n'ont jamais cessé d'en souffrir, car elles vivaient dans un rythme originel qui ne leur laissait pas de repos avant deux heures du matin. Tous ces gens avouent aussi que leur capacité de travail dans la matinée est quasiment nulle, qu'ils se traînent péniblement d'un week-end à l'autre, quand ils peuvent reprendre le rythme qui leur convient, c'est-à-dire dormir jusqu'à dix heures du matin, au moins. Leur capacité maximale de travail se situe entre deux heures de l'après-midi et minuit. Cela signifie que leur journée de travail finit quand leur courbe d'énergie commence à remonter. Une énergie qui ne peut alors jamais être utilisée à bon escient ni au travail ni à l'école.

Je commence à penser que ces personnes devraient se rassembler dans une communauté d'intérêts. Je ne veux surtout pas dire par là qu'aucune activité professionnelle n'existe avant midi, mais que la plupart des gens ne sont pas conscients de ce phénomène. 10 % seulement de ces gens savent à quelle heure ils ont vu pour la première fois la lumière du jour. Beaucoup moins encore savent que leur fatigue matinale chronique (diagnostiquée la plupart du temps par des médecins comme un dysfonctionnement de circulation du sang) est en rapport direct avec cela.

J'ai fait la liste de mes amis et de mes relations, pour constater que tous ceux qui étaient nés de nuit et qui ont bien réussi à s'imposer dans la société, avaient des activités se déroulant dans l'après-midi et la nuit. Faites-en l'expérience vous-même. Vous serez étonné du résultat !

Toute ma compassion va aux enfants qui sont soumis à ce rythme de base bien plus nettement que les adultes. Par exemple, un pauvre malheureux né à deux heures du matin, qui doit se lever à sept heures, et à qui on demande d'étudier à partir de huit heures et demie. Et après cela, on s'étonne que les parents autant que les élèves se plaignent d'un manque de concentration !

Mon rêve de voir des écoles qui organiseraient des cours le matin pour les élèves nés le jour et des cours d'après-midi pour les élèves nés la nuit restera certainement à l'état de rêve, de même que celui d'une éducation individualisée.

C'est seulement sur ce fondement que les talents de chacun pourraient vraiment s'épanouir et se cristalliser. Les talents sont aussi les bases sur lesquelles doit se dérouler la destinée. Mais comme toujours, ici aussi, le libre arbitre ou les circonstances dans lesquelles nous vivons peuvent jouer un rôle immense.

De nombreux artistes de talent n'ont jamais pu parvenir à un épanouissement complet, parce que leurs parents trouvaient que leur activité était « non lucrative ». On choisissait alors une existence « sécurisante » et on gaspillait littéralement son talent, en le reléguant au rang de passe-temps favori.

Le talent constitue un engagement. Ce n'est pas par hasard que nous avons choisi une base génétique qui permette de développer matériellement ce talent. De nombreux destins gâchés reposent sur la négation des dons, sur le refoulement des tendances profondes.

J'ai ici volontairement présenté ce message tel qu'il m'a été transmis. Il date de l'époque où je faisais une carrière de chanteuse. Et ce n'est pas par hasard que l'astrologie y joue un rôle si important.

LES PREDISPOSITIONS, LES TALENTS ET LE DEVOIR D'EN PRENDRE CONSCIENCE

Lorsque tu as décidé ton incarnation actuelle, ton plan de destin a été consciencieusement étudié.

Cela ne s'est pas fait sans ta collaboration et ton consentement. Tu as demandé plusieurs talents pour te donner les moyens et la possibilité de te réaliser, talents que tu as accumulés au cours de tes incarnations, et comme cela était utile dans le cadre de ta courbe de destin et de l'approfondissement de ta personnalité, tu as reçu un fond d'énergie parentale génétique te permettant de réaliser toutes tes potentialités. Ces talents n'ont pas été mis à ta disposition pour satisfaire ta vanité, mais surtout pour servir aux autres. Tes talents doivent te permettre d'aider les autres, de leur donner de la joie, d'enrichir et d'alléger leur ligne de vie.

Si tu n'accomplis pas ce devoir, tes talents mal utilisés risquent de se retourner contre toi.

Tu portes en toi une connaissance profonde et le pouvoir de guérison des sons, l'efficacité du rythme, la puissance de la musique.

Ton devoir est de mettre ce savoir en œuvre.

La puissance sera dans ta voix.

Si tu en abuses, tu la perdras.

Le chant est une énergie qui s'écoule.

Tu as donc le devoir de veiller à ton équilibre intérieur, car l'énergie se répand en toi, elle est colorée par toi pour être restituée à d'autres. Ce que tu es, ce que tu es réellement, tu le reflètes en d'autres, lorsque cela te revient. Tu n'es pas celle qui crée, tu es une intermédiaire.

Si tu transformes l'énergie de manière négative, tu en seras responsable.

N'apparais jamais devant qui que ce soit tant que tu ne sens pas que tu formes un tout harmonieux, quand tu n'es pas remplie de pensées d'amour.

Tu ne dois jamais penser à ce que tu vas obtenir pour une quelconque prestation, car c'est toi qui donnes avant tout, et c'est sur cela que tu dois te concentrer. Chaque son que tu émets, chaque mot que tu prononces, déclenche une réaction qui se reporte sur toi comme un boomerang. Pense donc à ce que tu chantes et à ce que tu dis.

Bien évidemment, ton existence doit être assurée par tes talents, mais comme tu as à faire à une énergie qui s'écoule, tu dois aussi laisser couler les choses qui y sont liées.

N'essaye jamais de retenir, de thésauriser.

Tu dois rendre tout ce que tu as obtenu.

Il te faut trouver toi-même la juste mesure pour apprendre à la maîtriser.

Une énergie égale, équilibrée, est meilleure qu'une énergie émotionnelle, irrationnelle. Il se peut que tu penses précisément t'en sortir mieux avec la seconde qu'avec la première, qui pourtant est la plus authentique. Tu obtiendras l'amour des êtres humains par le rire et par les pleurs, et non pas par la satisfaction de tes besoins les plus vils.

Les rires et les pleurs dénouent les nœuds des chakras. A condition déjà de porter en toi ce rire et ces pleurs, pour pouvoir ensuite les déclencher chez les autres.

Les gens se reconnaîtront en toi, parce que tu portes en toi tout ce qu'un être humain peut porter, autant le bien que le mal. C'est pourquoi il faut que tu deviennes maître de toi-même, car tu ne seras jamais qu'un miroir.

L'amour et l'admiration qu'on te porte ne signifient en soi rien d'autre que ce que tu transmets. Sois donc pleine d'humilité et de reconnaissance de pouvoir être une personne qui transmet.

Et étudie exactement ce que tu peux rendre en tant qu'intermédiaire.

Ne te laisse pas exploiter. Tu raterais ta mission. Dans ton horoscope, ta dixième maison est dans le signe des Gémeaux. Il est donc de ton devoir de faire valoir tes talents auprès du public. Mais tu as aussi la Lune dans le signe des Poissons, ce qui doit te donner une intuition puissante et te rendre perméable à beaucoup de choses.

C'est pourquoi il te faudra trouver le juste équilibre entre apparaître en public ou rester en retrait.

Le fait que je te parle de devoir te gêne-t-il ? Toute ton incarnation est un devoir choisi, et tu éprouveras toujours d'autant plus de joie qu'il sera accompli.

Il faut que tu apprennes absolument à vivre dans l'harmonie.

N'essaie jamais, à des périodes de retrait (comprenez des époques saturniennes, de limitation, d'isolement) *de t'occuper de choses qui te troublent. Si tu te rebelles contre le calme, il t'obligera à le respecter (*sic !*). Si tu te fonds en lui et ne le ressens pas comme une limitation, tu en sortiras grandie. Accepte le changement avec gratitude et N'AGIS JAMAIS CONTRE LUI ! A ta naissance tu t'es mêlée à la course des astres de telle manière que ta participation à leurs vibrations et à leur constellation énergétique ne peut t'être que bénéfique. Apprends à lire les signes, à deviner les présages, et n'agis jamais contre eux.*

(Ce conseil semble si important qu'il a été donné deux fois).

Mais le plus important est que tu aimes les gens pour qui tu transmets.

Tu as aussi reçu le don de la parole, en même temps que celui de l'expression écrite.

Ce n'est que dans l'unité de la musique, du chant et de la parole que tu pourras t'exprimer pleinement.

(En quoi consiste cette unité parfaite ?)

Lorsque la mélodie, l'harmonie et le rythme s'uniront avec la vibration des mots.

Et lorsque l'intermédiaire que tu es baigne dans l'état d'amour.

Lorsque je relis aujourd'hui ces conseils, j'ai l'impression d'être comme le célèbre monsieur Dupont, à qui on avait prédit les numéros gagnants du loto, mais qui oublia, hélas, de les jouer. Je ne cherche pas à commenter mon propre destin, mais seulement à revenir sur le contenu de ces prédictions.

Je voudrais dire seulement ceci : à chaque fois que j'ai commencé à faire autre chose que ce qui m'était conseillé, ma vie est devenue tellement chaotique que j'avais l'impression que le sol se dérobait sous mes pieds.

Le rôle de l'astrologie dans ces conseils n'est pas négligeable. C'est pourquoi j'y reviendrai brièvement.

Voici en clair, à quoi serait destinée l'astrologie : à définir nettement les propriétés, les orientations et aussi les périodes favorables pour entreprendre certaines actions. Les périodes de stagnation ont leur sens profond, la solitude peut être un cadeau, la maladie une chance, quand on est prêt à accepter, à rester tranquille, à laisser faire. Les périodes d'expansion ne sont pas faites pour rester tranquillement dans son coin, à bâtir son nid.

Comment puis-je parvenir à créer la meilleure harmonie possible en moi, avec mon environnement, avec les influences stellaires ?

Ici aussi, un bon astrologue peut nous aider, quand il parvient à le faire...

Cette notion de talent représente le fait que ces dons doivent être utilisés avec beaucoup d'amour envers les autres, pour aboutir à un échange de forces (donner-prendre) qui maintienne rassemblés le corps et l'esprit ; autrement dit qui garde une bonne santé. C'est aussi simple que cela. Et aussi difficile.

Je citerai une autre histoire à ce propos : dans ma jeunesse, je m'occupais d'une boutique pour arrondir mes fins de mois. L'affaire n'était pas spécialement florissante, si bien que j'avais beaucoup de temps libre pour lire les journaux.

A force de m'ennuyer, je me suis mise à lire les petites annonces. L'une d'elles était rédigée ainsi : *On cherche une chanteuse pour les week-ends dans une grande discothèque*.

Je n'étais pas spécialement débordée le week-end, j'écrivis donc en laissant l'adresse de mon lieu de travail.

Quelques jours plus tard, la porte de la boutique s'ouvrit et deux hommes entrèrent. L'un plutôt trapu, un peu mou, avait un visage marqué, l'autre avait une apparence inoubliable : grand, maigre, les yeux clairs, transperçants, et la peau presque transparente. L'un était le propriétaire de la discothèque, l'autre Thorwald Dethlefsen [1].

---

[1] Ndt : Thorwald Dethlefsen est le grand spécialiste allemand des vies antérieures : il a publié un grand nombre de livres et organise régulièrement des stages sur tout ce qui touche à la réincarnation.

Pour financer ses études, le futur psychologue travaillait l'après-midi, comme animateur pour les jeunes dans la discothèque, programmait les disques, remplissait le rôle de régisseur et conseillait le patron dans bien d'autres domaines, me sembla-t-il. C'est ainsi que j'y suis arrivée un matin, tandis qu'il arrangeait des bouquets sur les tables, jouissant déjà de son savoir ésotérique considérable, qu'il n'imposait jamais à personne, mais qu'il délivrait au passage, lorsque la situation s'y prêtait. Il a observé mes prestations avec un œil expert, dénouant rapidement leurs qualités de leurs défauts. « Tu n'auras pas de succès tant que tu ne t'aimes pas », dit-il en faisant un signe de tête en direction de la salle. « Il faut d'abord que tu t'aimes, si tu y parviens, alors tu auras du succès. » Il me regarda attentivement. « Beaucoup de succès », ajouta-t-il.

Malheureusement, bien peu de temps m'avait été accordé pour profiter de ses conseils, et à l'époque je n'étais pas mûre pour comprendre toutes les choses qu'il disait si magistralement à travers ses livres. Mais il m'avait transmis l'essentiel. Je ne l'avais pas encore compris, car j'étais d'avis qu'il fallait d'abord m'aimer *moi-même*, le grain était semé. Merci, Hermès !

Je pense que l'on peut transmettre quelque chose avec joie pour engendrer par là même cette joie à condition toutefois que cela fasse plaisir à soi-même. C'est pourquoi nos bureaux sont si tristes, de nombreux restaurants si insipides, de nombreux commerces réduits. Partout où des gens ne travaillent que par obligation, se développe une atmosphère malsaine. Partout où les gens dénués de talent s'agitent, naît un espace vide d'amour, où l'on ne pénètre qu'à contre-cœur.

Il n'est jamais trop tard pour exercer son talent. Je connais des femmes au foyer, des fonctionnaires, des footballeurs, des ingénieurs et des hôtesses qui ont compris du jour ou lendemain de quoi s'agissait-il pour eux. Ils ont eu tôt fait de modifier leurs objectifs pour plonger dans une existence meilleure et mieux remplie.

Il suffit d'avoir le courage de se lancer, car la décision rapproche du but, et je n'ai vu personne échouer, qui ait osé franchir le pas (quand il était justifié).

Cela ne signifie pas que toute personne qui se sent mal dans sa peau doive jeter l'éponge. Il faut que sa décision ait un fondement réaliste.

Il n'y a aucun arrière-plan charismatique au fait que Mademoiselle X décide le jour de ses 46 ans de devenir chanteuse d'opéra, parce qu'elle a toujours ressenti au fond d'elle-même l'appel secret de la scène et de tout ce qui est « supérieur » en général.

Le talent aussi a une base réelle. Et le véritable talent est toujours lié à la vocation. Dans vocation, il y a voix. Il nous suffit donc d'écouter et d'avoir confiance. Et la vocation.

D'après les messages précédents, un de mes talents a dû passer inaperçu. Probablement parce que c'est un talent partiel : je sais bien observer.

Je l'exerce avec succès depuis plusieurs dizaines d'années.

Il y a du moins *un* résultat de mes observations que je ne voudrais pas vous dissimuler : aucun des êtres humains qui travaillent ou ont travaillé avec amour dans le sens de leur autre destin ne sont morts d'un cancer ou d'une maladie incurable.

Ceux qui sont tombés malades ou qui ont été perturbés à la suite d'une longue maladie, portaient en eux un désir profond et inassouvi de « quelque chose d'autre ». Souvent, ils n'ont pas pu l'exprimer par des mots. D'autres fois ils ont pu. Alors voilà ce qu'ils disaient : « Tu vois, je suis en fait... » ou « En fait, j'ai toujours voulu... ».

Ces deux manières de fuir – car il ne s'agit de rien d'autre – sont le pire reproche qu'un homme puisse se faire à lui-même. Car il avoue qu'il *savait* qu'il était fait pour autre chose que pour son activité effective.

De telles personnes vivent dans une frustration permanente, dans une vibration négative constante. Et ces pauvres créatures s'étonnent d'être toujours malades. Sans parler de l'impuissance des médecins qui ne savent pas comment traiter ces patients.

Néanmoins, il restera toujours assez de maladies, notamment celles que nous devons considérer comme des apprentissages pour contrôler nos actes manqués et nos pensées négatives, et aussi les maladies souhaitables, souvent inconsciemment, qui nous offrent les plages de repos que nous ne pourrions pas nous permettre. Quel a été le splendide message qui a été transmis à ce propos ? Il te faut apprendre à interpréter les signes.

« Comment peut-on donc prévoir de se faire une fracture à la jambe ? », me souffle-t-on à l'arrière-plan.

C'est possible. Une fracture à la jambe même ne se produit jamais sans avertissement, comme il m'a été dit alors...

TOMBER MALADE
ET ETRE EN BONNE SANTE

Tu attraperas toujours les maladies que tu as méritées.

Dans chaque maladie se reflètent les éléments que tu as refoulé, ceux que tu te refuses de reconnaître, ceux que tu voudrais éloigner de toi. Tes maux de tête tenaces viennent du fait que tu ne veux pas régler tes problèmes, leur faire face. Lorsque tu as des maux de tête, tu as une excuse pour ne pas penser.

(Il s'ensuivit une liste de problèmes qui m'ont poursuivi toute ma vie, et que je n'arrivais pas à résoudre, mais dont je ne peux parler ici, pour des raisons évidentes.)

Ta tendance à attraper des refroidissements vient du fait que tu ne te laisses pas aller. Tu veux toujours tout conserver, telle est ton erreur. Tu ne peux pas constamment conserver l'amour, conserver le succès ; la prospérité et la popularité mêmes sont soumises aux lois du changement. La peur de perdre est comme un poids sur ta poitrine t'empêchant de respirer. De là viennent tes problèmes de bronchite. Tu te sens sans arrêt menacée, en danger. D'où tes douleurs dorsales et ta sciatique.

Ton corps réagit à la charge physique que tu lui imposes involontairement.

Tu prétends toujours que l'amour soit lié à l'effort et à la souffrance. Tu as laissé ce schéma inscrit dans ta tête et tu l'as accepté dans ton subconscient, parce qu'étant enfant, tu as dû assurément faire le lien entre les deux : pour être aimée, tu as dû fournir des efforts. Mais tu es maintenant assez mûre pour reconnaître et accepter ces fautes commises à ton égard, et pour les bannir de ton subconscient. L'amour de ton prochain fait partie de tes droits, de même que ton devoir est d'aimer ton prochain.

Toutes les sensations, toutes les pensées que tu ressens se manifestent dans les cellules de ton corps et de ton esprit où elles laissent des traces, autant dans le sens positif que négatif.

Les vibrations de pensées négatives affaiblissent les cellules de ton corps et ton système immunitaire. Ton manteau protecteur devient poreux, perméable, c'est pourquoi les effets de la maladie peuvent se produire.

(N'y a-t-il pas aussi des maladies héréditaires ?)

Je t'ai déjà expliqué que la base génétique n'est que le fondement sur lequel ton programme peut se dérouler, aussi bien au sens physique que psychique. A supposer que tu choisisses, par exemple, une mère ayant une maladie de peau, telle que la psoriasis, tu l'as fait parce que tu as exactement le même problème à résoudre que ta mère : c'est-à-dire le besoin de te former une cuirasse te protégeant des influences négatives et des agressions. Ce besoin pressant de protection et cette peur des blessures préexistaient déjà, bien avant ton incarnation. Le psoriasis de ta mère t'offre seulement une voie pour rejoindre ce point sur le plan génétique.

Il en va de même avec le cancer.

Le terrain propice vient de toi. Aucun de tes ancêtres n'est uniquement « responsable » de quelque maladie que ce soit, dans laquelle tu voudrais te réfugier, car il relève de ta propre volonté d'accepter cette constellation ou non.

Toute maladie reflète les symptômes de l'époque où elle apparaît. Le cancer est le miroir des problèmes contemporains.

(Est-il vrai que le cancer soit une conséquence du stress ? Cela est-il vrai ?)

Cela dépend de ce que tu appelles stress. Dans son acception normale, le stress est synonyme de fatigue professionnelle. Mais si tu le prends dans le sens d'une saturation dans les domaines physique, spirituel et psychique, alors ton hypothèse est juste.

Je viens de te le dire : un miroir. Lorsqu'un homme est atteint du cancer, les cellules de son corps deviennent indépendantes, elles se libèrent de l'ensemble des cellules, pour ouvrir leur propre système sous leur propre régie, aux dépens de l'ensemble, donc du corps. Tu vois le rapport ?

Ou bien prenons un autre exemple, la dépression. La dépression provient de la peur de ne pas être à la hauteur de certaines exigences, d'une impression de ne pas être capable de supporter certaines responsabilités. La personne concernée fuit dans une rigidité psychique. Ainsi, elle se dérobe au devoir de collaborer au programme général, car elle se sent dépassée.

(Ce n'était pas par hasard si ce thème était abordé. Je connais suffisamment bien les dépressions. La question posée sur sa guérison était donc très personnelle).

Si tu crois vaincre le mal à l'aide de médicaments, je peux te dire que c'est une grave erreur, lourde de conséquences. Tu ne fais que repousser les problèmes à plus tard, au risque de te retrouver confrontée à une forme encore plus grave de souffrance. Tu ne peux guérir de cette carence qu'en apprenant à supporter tes angoisses, c'est-à-dire à les regarder en face et à t'adapter à elles. Il te faut pour cela avant tout de la franchise envers toi-même. A commencer peut-être par la franchise de reconnaître que tu as placé ton but trop haut, que tu as ciblé des objectifs en dehors de tes possibilités, que tu n'as pas res-

pecté tes limites. Une dépression est toujours le signe que ton programme vital ne se déroule plus sous la forme que tu avais prévue. Il te faut donc modifier le programme, si possible avec l'aide d'autrui.

Essaie de bien te rappeler de la période qui a juste précédé ta dépression. C'est elle qui t'a menée à ce résultat. Quand as-tu commencé à t'éloigner de ce programme ? Essaye de retrouver ton équilibre : peu à peu, surtout pas du jour au lendemain. Le processus de stabilisation doit se dérouler aussi lentement que le processus de déstabilisation.

*(*Qu'en est-il de l'insomnie ?*)*

L'insomnie n'est rien d'autre que la peur de dormir, la peur de quitter l'état de veille. Les gens qui ne vivent pas de manière consciente ont des difficultés à s'abandonner au sommeil. Plus une frontière est claire, plus elle peut être franchie avec facilité. Si tu ne laisses pas les autres vivre à ta place, tu seras maîtresse de ton sommeil.

*Plus tu vis consciemment, plus tu es à même d'identifier un signe clairement (*encore !*), et mieux tu seras capable de te défendre en toute occasion.*

Mais avant tout : n'aie pas peur !

Ce « n'aie pas peur » était revenu à nouveau. Je n'avais pas l'impression d'avoir spécialement peur. Cela devait en fait signifier autre chose. Si le mot « avoir peur » survenait à la fin d'un long entretien sur la maladie, et plus d'une seule fois, il devait avoir un sens plus profond. Je suis allée relire mes journaux intimes et je me suis mise à chercher dans quelles situations j'avais préféré être malade.

A chaque fois, apparaissaient des situations ou qui indiquaient le changement, ou qui ne correspondaient plus à mes projections, ou bien pendant lesquelles mon orgueil avait été blessé. Dans tous les cas, je me sentais inconsciemment obligée de me défendre. Dans l'un des ces cas, il s'agissait de mon entourage personnel, dans l'autre d'un point précis de mon programme professionnel qui ne me convenait pas, et dans une autre situation, je voulais avoir la confirmation du fait que j'étais irremplaçable.

Autre évidence : avant chaque cas sérieux, avaient eu lieu différents « stades préparatoires ».

Avant de graves périodes de refroidissement, je devenais atone ou je me mettais à tousser pendant plusieurs jours. Mais je ne tombais « réellement » malade que lorsque personne ne s'en était aperçu.

Grâce à mes recherches obstinées, je me suis rendue compte qu'un jour, avant de me faire une fracture du bras, j'étais tombée déjà au moins trois fois, ce qui ne m'avait d'ailleurs pas empêché quelques jours plus tard de tomber en roulant à bicyclette. Je me pose encore aujourd'hui la question de savoir pourquoi l'idée de monter à vélo m'était-elle venue. Car je suis *incapable* de faire de la bicyclette !

Pour résumer : toute maladie est fabriquée par vous-même, cela induit automatiquement l'idée selon laquelle il ne tient qu'à *vous* de vous guérir. Et non pas extérieurement – car pour cela nous avons des médecins – mais intérieurement, dans notre conscience. Le thérapeute le plus doué ne peut qu'échouer, même avec les méthodes de traitement les plus géniales, s'il les utilise sur un patient qui n'est pas préparé à collaborer volontairement à son processus de guérison.

Celui qui ne veut pas être en bonne santé ne signale rien d'autre que le fait qu'il n'est pas prêt à collaborer dans la communauté et avec elle. Il s'oriente ainsi vers l'exclusion. Ici encore, seule une aide pleine d'amour peut agir.

Que Dieu nous envoie des médecins remplis d'amour, conscients de sa totalité, qui se donnent la peine de nous éclairer sur la synthèse des choses. Cela prendra du temps mais nécessite peu d'argent, ce qui contredit la mentalité de notre époque. Quel médecin se donne aujourd'hui la peine, par exemple, de joindre à son traitement des conseils de nourriture adaptée ?

Il m'a fallu dépasser largement la quarantaine pour comprendre que mon alimentation jouait un rôle important dans ma vie. Et naturellement, pas seulement dans *ma* vie. Mais malheureusement, c'est à ses propres dépens que l'on apprend.

Comme je l'ai déjà dit, j'aime observer. Je peux dire aujourd'hui qu'il aurait été préférable que je m'observe moi-même un peu plus et les autres un peu moins, ce qui m'aurait permis de comprendre certaines choses. Le rôle que joue mon désintérêt profond à l'égard de mon corps, je l'ai découvert de manière évidente au cours de ces dernières années. Je ne livrerais pas au public mon programme nutritionnel personnel si je ne savais pas, par expérience, que je ne suis pas seule à avoir ce comportement destructeur.

Je ne sais plus combien de fois mes erreurs de nutrition m'ont été reprochées dans les messages que j'ai reçus. J'ai toujours réagi vaguement à ces avertissements, parce que ce thème me semblait fort peu spirituel. Comme en maintes autres occasions, je n'ai pas su établir les rapports entre les choses. Le résultat s'est donc traduit par des dysfonctionnements de la circulation sanguine, des pertes de mémoire et des maux de dents, sans parler de la disproportion qui commençait à s'installer avec le temps. Je dois préciser que je suis une « dévoreuse de sucreries », donc de ce qu'il y a de pire dans le domaine alimentaire. Pour ceux qui se préoccupent de nutrition, il est bien plus évident que je suis encore l'une de ces personnes qui a remplacé l'amour par les friandises ! C'est possible, en effet. Mais ce n'est pas du tout le sujet dont je veux parler.

Car il s'avère que je pouvais manger des kilos de sucreries sans prendre un gramme. J'étais maigre comme un clou. Aussi je n'avais aucune raison de modifier ma façon de me nourrir. Jusqu'au moment où sont apparus les phénomènes de goutte déjà mentionnés. D'un seul coup, des « milliers » de gens ont commencé à se rassembler autour de moi, qui avaient aussi tous des problèmes alimentaires. J'eus ainsi l'insigne honneur d'avoir sous mes yeux mes chers concitoyens, qui brusquement n'avaient rien de plus urgent à faire que de venir me confronter avec mes problèmes nutritionnels.

Pour la première fois, je me souvenais aussi de ma tante me donnant quatre morceaux de sucre accompagnés de la remarque à la jeune fille que j'étais : « Tu seras bientôt sclérosée. » Mais qui est capable de prendre cela au sérieux à treize ans ?

Je me suis donc mise à fouiller dans mes livres, à acheter de nouveaux ouvrages et j'ai soudain compris ce que j'avais provoqué par des années d'ignorance. Voilà que le sujet ne m'apparaissait pas aussi inintéressant qu'il ne l'avait été quelques années auparavant. En me tournant vers l'un de mes « êtres de l'au-delà », je fus frappée par l'expression de sa figure et par ses connaissances. Dans la mesure où il n'y a plus de droit d'auteur posthume, je peux citer celui qui est à la source des informations qui suivent, car cet homme est mort depuis plusieurs siècles. Il s'agit du médecin personnel de Charles IV, l'un des empereurs de l'Empire Romain Germanique.

Je ne sais pas et je ne lui ai malheureusement jamais posé la question de savoir s'il était « réapparu » entre le XIVe et le XXe siècle. Car ses commentaires médicaux étaient d'une haute précision, et toujours modernes. De temps à autre, il lui plaisait d'entrecouper ses ordonnances de concepts latins, ce qu'il ne faisait que lorsque ses collègues de l'au-delà lui demandaient son point de vue. Lorsqu'il me parlait, c'était la plupart du temps avec humour (rien d'étonnant à cela), avec un certain manque de respect, mais il s'avéra toujours être un excellent conseiller et même un consolateur dans des situations extrêmes.

En règlement pour ses séances de consultation, il me demandait régulièrement de lui chanter quelque chose, en me donnant des indications précises dans le choix de la pièce à interpréter, ce qui n'était pas toujours aisé, car il aimait les chansons populaires françaises. Il me demandait parfois une chanson précise, ce qui me forçait à faire des recherches, « sur commande ». Où trouve-t-on aujourd'hui des chansons françaises du XIVe siècle ?

Quoi qu'il en soit, nous avons fait d'immenses efforts de part et d'autre qui ont produit de bons résultats, du moins de mon côté.

J'ignore où est passé cet être, prénommé Lucas. Parfois, j'ai l'impression de l'entendre brièvement, mais depuis une dizaine de mois je n'arrive plus à le « situer ».

Ses conseils concernant l'alimentation, les soins par les plantes et par l'eau ont été des plus intéressants, mais moins encore que la manière dont il colportait les ragots de son époque.

Mon peu de connaissances sur Marguerite Maultasch, une comtesse tyrolienne née en 1318, mariée à Jean de Bohême, frère de Charles IV, provient presque exclusivement de cette source.

J'ai volontairement conservé le style d'expression de ces séances, afin que vous y preniez plaisir, mais aussi pour que vous puissiez apprécier combien de modes de transmissions peuvent être différents. Il est même arrivé que plusieurs « interlocuteurs » parlent en même temps, se contredisent ou se corrigent réciproquement. Je ne sais pas ce que je donnerais pour pouvoir rendre ces séances audibles par tous. Pour l'instant, il me faut me contenter de l'écrire.

LA NOURRITURE ET LES SOINS CORPORELS

Voudrais-tu, s'il te plaît, commencer par aérer un peu la pièce ?

Si tu ne sors pas, tu peux au moins ouvrir la fenêtre une fois par semaine... Merci.

S'il te plaît, éloigne ce cimetière de cigarettes, leur odeur m'est insupportable.

Je n'ai pas dit que je pouvais la sentir, j'ai dit que l'odeur était insupportable.

(Lors d'une discussion ultérieure, il m'avait été expliqué que les vibrations de l'atmosphère étaient minimisées par la nicotine.)

Non, tu n'as pas besoin de lunettes. Tu as besoin de manger des légumes frais pendant un mois. Tu as d'excellents yeux. Mais le meilleur matériel ne peut pas résister constamment aux sévices que tu lui fais subir quotidiennement.

Ne me raconte pas d'histoires, quatorze morceaux de sucre ! Et c'est seulement ce que j'ai vu dans les deux dernières heures. Si tu savais le mal que fait le sucre à ton corps ! Peux-tu me dire quelles sont ces choses abominables que tu tiens dans ce papier cellophane ?

(C'était des madeleines.)

Une vibration affreuse, repoussante... non, il n'y a pas de lait dedans, seulement du sucre, du cacao bon marché et du lait en poudre. Ne me dis pas que c'est une question d'habitude. Tu n'as pas donné à ton sens gustatif la possibilité de s'épanouir dans une autre direction. Te voilà plutôt complètement embourbée, sans que je puisse rien y changer. C'est à toi de le faire.

Je t'ai déjà dit que tu devais manger des légumes frais, mais crus, pas seulement à cause des vitamines, mais aussi à cause des cellules lumineuses.

(Pourquoi ?)

Les plantes emmagasinent des cellules lumineuses qui te permettent de les assimiler ensuite dans ton corps.

(Que stocke alors la viande ?)

L'angoisse des animaux avant d'être abattus. Tu manges aussi cela, qui se répand ensuite partout dans ton corps.

Ne me raconte pas d'histoires, il existe des protéines végétales et un œuf contient plus de protéines que tu ne peux en assimiler. Ton origine purement physique se situe dans les règnes minéral, végétal et animal. Ta nourriture devrait se composer des éléments issus de ces trois plans.

(Il faut donc que je mange des pierres ?)

As-tu déjà entendu parler du silice, du magnésium ou du fer ? Pendant une semaine, tu ne devrais prendre que du thé d'orties et manger des pissenlits. Non, sans vinaigrette !

C'est pour te nettoyer. Tu es complètement sale intérieurement. C'est pour cela que tout marche au ralenti chez toi.

Cela vient aussi du fait que tu ne bouges pas. Personne n'attend de toi des exploits sportifs. Nager une fois par semaine ne sert à rien. Il faut que tu fasses quelque chose chaque jour.

Ne me raconte pas d'histoires, tu as passé au moins une heure inutilement au téléphone aujourd'hui. Dommage pour ce temps précieux perdu. Tu as eu aussi le temps de boire plus de café que nécessaire.

Deux fois un quart d'heure de gymnastique te suffirait amplement – la fenêtre ouverte, bien sûr, et avant le repas.

Il te faudrait boire beaucoup plus de thé – non, pas du thé noir, des infusions. Et de l'eau minérale avec un peu de gros sel dedans. Quelques grains, ou du citron.

Intéresse-toi à la nourriture séparée, cela serait bon pour toi. On sépare les hydrates de carbone et les protéines. C'est excellent pour tout l'organisme, car cela permet aux liquides dans le corps de se développer de manière importante, ce qui facilite la digestion.

Il ne faudrait pas manger de salade et de fruits le soir, cela fermente la nuit.

Vous parlez toujours de polarité, mais tu n'essaies pas de la réaliser dans la nourriture. Je vais te dire : si tu prenais la même quantité d'acide que tu engloutis en sucré, alors... Cela t'amuse ? Je t'ai pourtant dit de séparer le blanc d'œuf et les hydrates de carbone, je veux dire le sucré et le salé. Si tu maintiens l'équilibre, tu ne prendras jamais de poids.

(Je ne suis pas grosse !)

Attends un peu de passer chaque jour quelques heures devant ton bureau ! Tu verras les problèmes de digestion que tu auras. Tu pourras alors te plaindre de tes yeux. Mais n'utilise pas de lunettes.

En outre, tu respires mal, avec trop de platitude, et tu as une très mauvaise tenue corporelle. Si tu respirais correctement, ta position changerait automatiquement. Oui, quand tu chantes tu te tiens correctement, mais apparemment, tu ne respires bien que lorsque tu es payée. Tu malmènes sans cesse ton diaphragme. Résultat ? C'est là que se trouve ton plexus solaire. Ton point énergétique central, là où s'affrontent toutes les énergies de ton corps. On voit bien que ta conscience n'est pas éduquée. Sinon, tu ferais tous ces rapports de toi-même.

Ne me raconte pas d'histoires ! Si tu le sais et que tu ne fais rien, c'est encore pire. Comment cela va-t-il se passer quand auras vieilli ? Tu ennuieras ton entourage et tes pauvres petits-enfants à cause des conséquences de tes bêtises.

En outre, il faut que je te dise que tu vieilliras plus vite si tu n'es pas en mesure de laisser couler l'énergie naturellement, sans blocages.

Le sucre engendre des blocages, comme tous les produits de l'alimentation, la nicotine aussi. Heureusement que tu ne bois pas, il ne manquerait plus que cela.

Si tu pouvais au moins utiliser ton intuition à cet effet ! Ecoute donc ton corps de l'intérieur avant d'avaler de la nourriture. Et écoute le oui et le non que tu entends par ta voix intérieure. Tu connais le pendule ? Alors, sers-t'en pour ta nourriture ! C'est tout simple ! Entendons-nous sur le fait que le balancement vertical du pendule indique une nourriture propice et le balancement horizontal le contraire. Il faut alors que tu le fasses plus souvent. Parfois, ce qui était négatif hier, est nécessaire le jour suivant.

Fais -toi un peu plus de tisanes.

T'arrive-t-il de t'intéresser aux plantes ?

(Pas besoin. Il y a déjà une certaine Maria Treben !)

Sais-tu que le célèbre naturopathe Sebastien Kneipp est actuellement réincarné et qu'il connaît bien des choses ; j'aimerais tant que tu en connaisses ne serait-ce qu'une petite partie... De façon très générale, je souhaite que vous vous soigniez davantage avec les plantes, vous n'auriez plus besoin de produits chimiques. J'ai étudié seul pendant sept ans la diversité et les actions des plantes et des tisanes. Et aussi la puissance de guérison des couleurs. Vous avez oublié tout cela.

Mais le temps viendra où il faudra y revenir, car vous n'aurez pas le choix.

*(*Malheureusement, il ne répondit pas aux questions que je posai pour approfondir le sujet, mais je crois qu'il faisait allusion à une époque dont beaucoup de voyants et de prophètes ont parlé : l'époque d'après la grande catastrophe qui nous attend apparemment avant la fin du siècle.*)*

Lorsque je relis aujourd'hui les déclarations de Lucas, elles me semblent beaucoup plus significatives qu'il y a plusieurs années. Il a bien adapté ses informations à mon niveau de connaissance, qui était très faible, je dois l'avouer.

Lorsqu'on analyse les informations, on trouve des indications qui sont d'une grande importance.

Par exemple, Lucas a toujours évité le mot « sport ». Il insistait sur l'« entretien du corps ». Lorsque le jogging a failli récemment devenir un sport de masse, je lui en ai parlé, et il m'a déclaré que c'était l'une des plus grandes stupidités qu'il avait vues dans ce domaine depuis longtemps. Jusqu'à ce que l'aérobic le mette vraiment hors de lui. Une telle atteinte contre soi-même, répétait-il à plusieurs reprises, devrait être interdite légalement. Il semble que ce thème se soit épuisé de lui-même, car les manques étaient trop évidents.

C'est par Lucas que j'ai appris, hélas seulement depuis le début de l'année dernière, que tout refroidissement peut être stoppé à son début par de l'eau salée en inhalation, tout en mettant les pieds dans une bassine d'eau chaude salée. Aussi, faut-il arrêter toute alimentation solide, et prendre seulement les fameuses tisanes. « Ne prends pas de médicaments à base de vitamines, tu ne ferais que nourrir l'ennemi », me répéta-t-il à plusieurs reprises.

J'ai appris aussi grâce à lui, l'importance d'une respiration correcte. Je ne transmets pas son message, parce qu'il recouvre complètement celui du thérapeute Johannes Walter, qui a écrit tout un livre sur ce sujet [2].

En gros, j'ai appris que la maladie s'exprime :

a/ par l'action de pensées négatives sur les cellules du corps physique et psychique ;

b/ par le blocage du flux d'énergie entre les sept chakras ;

c/ par la rumination des régressions karmiques.

J'en conclus donc que l'un des points les plus importants devait être la pensée positive. Si les pensées négatives engendrent la maladie, les pensées positives doivent engendrer la bonne santé. Donc, peuples du monde, pensez positivement. C'est ce que je pensais également...

---

2 Johannes Walter, *Die heilende Kraft des Atmens (La force thérapeutique de la respiration* , Munich, 1988.

LE NON-SENS
DE LA PENSEE POSITIVE
ET SA NECESSITE

Songe que chaque mot pensé émet un son, et que chaque phrase occasionne une mélodie qui restent fixées pour toujours dans nos mémoires et que chacun peut écouter à loisir.

Vous parlez toujours beaucoup de pensée positive, en prétendant que vous voulez voir ainsi « la vie en rose ». Ceci est complètement faux. Si, par exemple, tu hais quelqu'un parce qu'il t'a causé du tort, il te faut d'abord vivre ta haine intégrale pour comprendre qu'elle n'a aucun sens en vérité afin de pouvoir l'abandonner sans regret. Mais il faut d'abord l'avoir vécue réellement. Ce n'est qu'ensuite que tu pourras la remplacer par de la pitié et de la compréhension. La haine la plus intense disparaît alors.

Si tu envies la chance ou le succès de quelqu'un, il faut que tu ressentes cette envie jusqu'au tréfonds de toi-même, pour t'apercevoir qu'il est stupide d'éprouver de l'envie.

Celui qui ne sait qu'envier n'aura que des souhaits et des prétentions jamais exaucés. Si tu apprends à reconnaître ta place, à remplir ton devoir, tu auras la maturité pour remplacer ton envie par de l'admiration ou une participation amicale.

L'envie ne peut être réellement remplacée totalement que par l'amour. Au lieu de refouler tes impressions négatives, tâche de les vivre au maximum. C'est seulement ainsi que tu apprendras à les ressentir. Si tu les refoules, tu deviendras agressif et cette agressivité se retournera contre toi.

C'est par une recherche pour faire évoluer tes impressions négatives que tu peux réussir à développer tes capacités de pensée positive de façon régulière, de même que tout ce qui exige un processus de maturation. Tu t'es in-

carnée pour apprendre à jouer avec ces impressions. Si tu les refoulais, cela se retournerait contre toi-même.

Méfie-toi des gens qui veulent toujours avoir l'air noble et bon, et qui semblent être ouverts à tout. Ces êtres s'avèrent souvent être les ennemis les plus acharnés et les plus haineux, en justifiant leur attitude par le fait qu'ils incarnent le droit et la justice, dont ils se sentent les représentants. Ce sont les plus pauvres parmi les pauvres.

Vous êtes tous incarnés sur cette planète pour apprendre et apprendre par les autres. Personne ne doit se croire supérieur aux autres, personne ne doit s'ériger en juge. Si vous étiez parfaits, vous n'auriez pas eu à vous incarner sur cette Terre.

Ton cerveau est un centre énergétique ayant la capacité d'émettre et de recevoir. Par la pensée, tu es capable de fabriquer des images énergétiques si puissantes qu'elles sont obligées de se matérialiser.

C'est pourquoi il faut être très prudent dans le maniement de l'énergie-pensée. Car si tu t'imagines, avec des formes-pensées, un cadre pour ton destin qui dépasse largement ton programme existentiel, l'image matérialisée se retournera contre toi et tu devras payer pour ta prétention.

*(*Souvenez-vous de l'histoire célèbre de l'homme qui devint millionnaire grâce au loto, et qui s'en déclara content parce que, enfin, l'éternelle misère financière aurait trouvé une fin. C'est le même homme qui, quelques mois plus tard, n'avait plus un sou et était endetté jusqu'au cou. Ce pauvre homme avait répandu le bruit qu'il était sûr et certain de gagner au loto. Certes, une telle imagination finit pas donner des résultats, lorsqu'elle se poursuit chaque jour avec autant d'intensité. Mais elle n'aboutit à son

but que si elle peut se fondre dans le programme de vie. Dans le cas présent, la réalisation du fantasme ne fit que confronter l'homme encore plus directement à son destin initial, en faisant passer son évolution par la restriction.*)*

Sois donc prudente avec tes désirs et tes souhaits. Apprends à écouter ta voix intérieure.

Avant tout, apprends à te souvenir de la qualité des toutes premières impressions des hommes et des situations. C'est l'impression intuitive, qui est la bonne.

*Te souviens-tu de ce que tu as pensé la première fois que tu as vu M.X. (*il prononça le nom d'un homme qui avait joué un rôle important dans ma vie*) ? Peux-tu encore te souvenir de ses pensées dans les premières minutes de votre rencontre ?*

*(*Je le pouvais très bien.*)*

Alors !

Souviens-toi des sentiments que tu as éprouvés, au fil de tes nombreux déménagements, par rapport à chacun de tes logements successifs. Combien de désagréments auraient pu t'être épargnés si tu t'étais fiée à ta première impression ! Tout cela tient au fait que tu n'as pas confiance en ta propre maîtrise des événements.

Cela serait par exemple de la pensée positive ! Une concentration faite d'amour concernant des aides spirituelles, ce serait une forme de pensée positive que tu devrais transmettre, et non pas des images de cinéma insensées qui ne font qu'entraver la réalisation de ton plan existentiel.

*(*Comment puis-je savoir quelles sont les images et les fantasmes qui sont appropriés ou non ?*)*

J'espère que tu ne parles pas sérieusement ! Combien de fois avons-nous déjà parlé de l'astrologie et de son uti-

lisation efficace ? Tu as pourtant appris à lire un cosmogramme, tu serais donc capable de dire quelles sont les opportunités ou non que t'offrent les constellations !

*(*A supposer que je m'attache à observer mes moindres possibilités. Comment arriver alors à une imagination optimale ?*)*

Concentre-toi sur ce que tu souhaiterais le plus au monde. Représente-toi simplement le début de l'histoire et laisse-la se dérouler jusqu'à ce qu'elle arrive à un point où elle stagne. Regarde ce point très précisément, et continue à t'y intéresser jusqu'au moment où la situation ne risque plus en aucun cas d'être négative pour toi. Repère l'image aussi longtemps que tu as le sentiment qu'elle te convient dans ses moindres détails ; conserve-la encore, fais-la revivre chaque jour. Tu verras que tes conditions de vie vont progressivement s'orienter dans une direction qui sera la plus proche possible de l'accomplissement de l'image. Ne souhaite rien à la va vite. Réfléchis à ce qui peut réellement t'être utile.

*(*Je ne pus m'empêcher de penser à la légende de l'homme qui croyait arriver au Ciel et qui, en récompense de ses bonnes actions, n'eut que ses plats préférés servis chaque jour. Il ne lui fallut pas longtemps pour être saturé et reconnaître avec horreur que l'enfer peut revêtir divers aspects.*)*

Tu n'as pas besoin de commencer maintenant à avoir peur de tes propres images. Il suffit que tu veilles à ce qu'elles soient formées par une imagination pleine d'amour. Quelle place occupent tes proches dans ton imagination ? Ou bien es-tu la seule à jouer un rôle dans tes rêves ?

La pensée positive ne devrait être rien d'autre que la production d'une énergie de pensée pleine d'amour, capable d'imaginer les humains dans certaines situations existentielles.

Si tu veux être aimée, ne t'imagine pas que tu es aimée, mais envoie ton amour à la personne concernée. Si tu veux avoir du succès, ne t'imagine pas que tu t'installes dans ta célébrité, mais pense à la joie que tu peux procurer à ton entourage par tes activités.

C'est cela la pensée positive : l'effort d'amour et de joie, rendu aux autres.

C'est donc ainsi. La pensée positive est une forme d'amour de son prochain. Et, vu sous cet angle, probablement la clef du paradis, de la paix.

Mais quelle exigence envers nos pensées quotidiennes ! Je crois que nous nous rendons très peu compte à quel point nous sommes reliés les uns aux autres. Par notre origine, par notre destination, par nos pensées, par nos mots et nos actes.

Qui est conscient de ce qu'il partage avec une personne dans une même chambre ? Que l'autre, par exemple, respire le même air que lui-même a eu dans ses poumons et inversement ?

Quand l'autre émetteur et récepteur est comme moi, combien lui dois-je d'attention, de disponibilité ? Ou bien est-ce précisément cette communauté obligatoire qui nous rend si sourds aux sentiments et aux attentes de l'autre ?

Nos proches ! Nous n'avons tendance à en voir, parmi d'autres, que ceux qui nous sont proches et que nous aimons. Ce sont cependant les marginaux, les exclus, qui ont besoin de nos bonnes pensées et de notre aide. Mais qui serait prêt à s'investir et à projeter des pensées de lumière et d'amour sur un inconnu rencontré en train de tourner en rond dans une zone piétonne ? Aussi sûr que cela puisse paraître, c'était inscrit dans le message transmis ci-dessus. La pensée positive est un phénomène social ; on devrait pour le moins en être un. Nous pouvons donc abandonner définitivement les livres qui prétendent nous persuader que la pensée positive doit nous procurer tous les avantages d'une vie facile. Ce sont des modèles de pensée qui correspondent merveilleusement bien à l'esprit de notre temps, mais qui n'ont malheureusement rien à voir avec les concepts fondamentaux de la vie.

Bien que tu sois suffisamment combative et engagée dans la transmission de pensées positives, je crois qu'il serait beaucoup plus utile pour tout le monde de s'arrêter, ne serait-ce que dix minutes par jour, devant un beau tableau ; de s'installer dans la vibration produite par une belle musique ou simplement de se reposer à la lumière d'une bougie pour laisser monter en soi le *sentiment* d'amour afin de le transmettre à *tout* et à *tous*.

Si tu étais dans un état d'amour... Retournons simplement cette phrase pour lui rendre son sens le plus clair : si tu étais en état d'aimer, tu te trouverais entourée d'une force te rendant capable de satisfaire tous tes désirs.

Et pourtant, cette notion « d'être dans un état d'amour » est dite avec une telle simplicité, alors qu'elle est si difficile à réaliser pendant un certain temps, a fortiori si l'on est stressé et énervé par son environnement. Or, c'est précisément dans une telle situation que cette attitude me semble nécessaire...

La seule solution me paraît être un entraînement quotidien. Une fois que vous aurez pris conscience des réactions de votre environnement face à votre attitude d'amour universel, rien ne vous fera plus plaisir que de vous entraîner à préserver cette attitude en vous.

Cet entraînement n'est autre que la forme la plus effective de la pensée positive. Si vous êtes prêt à tenter le coup, vous serez étonnés du résultat.

Alors vous vous sentirez de plus en plus fort, moins soumis aux influences extérieures. Bientôt, vous pourrez donner davantage d'aide que vous ne pourrez en recevoir. Et si vous avez besoin d'aide, elle vous sera facile à demander, parce que vous vous sentirez intégré dans une chaîne d'amour et d'entraide dont vous serez un maillon. En outre, dans cet état d'amour, vous vous trouverez en contact avec vos anges gardiens et d'autres accompagnateurs invisibles.

J'ai déjà parlé des esprits et des entités dans un ouvrage précédent, mais j'ai encore, en ce qui les concerne, quelques informations intéressantes à vous livrer.

LES ANGES,
LES ESPRITS PROTECTEURS
CE QU'ILS SONT ET
CE QU'ILS PEUVENT ENGENDRER

Oui, chaque personne a des anges gardiens. Sans eux, elle ne se serait jamais incarnée. Elle serait comme un enfant orphelin.

Beaucoup de ces anges gardiens ont déjà derrière eux des incarnations sur Terre, d'autres doivent apprendre ce que signifie être incarné. Les êtres spirituels mis à ta disposition pour te servir de guide et pour te protéger sont cependant des accompagnateurs chevronnés : tu n'es donc pas une espèce de cobaye pour les anges.

Ces êtres sont de différentes sortes. Tu sais que la Terre est partagée entre êtres minéraux, végétaux, animaux et humains. Ce que tu ne sais pas, c'est que chacun de ces domaines possède ses propres esprits protecteurs. Ce que tu ne sais pas non plus, c'est que notre Terre, son intérieur et son atmosphère sont protégés par des entités qui sont responsables de sa prospérité.

(S'agit-il des célèbres elfes, des démons et des gnomes ?)

Si je te racontais tout cela, tu ne le croirais pas ! Tu parles toujours d'anges gardiens. Mais parle aussi aux hommes des gardiens de la vérité, de la justice, de la grâce, du savoir.

(Je ne sais rien de tout cela. Comment leur en parler ?)

Tu sais bien qu'un ordre hiérarchique existe parmi les anges. Les anges les plus proches de l'entité du Christ ont la position la plus élevée dans leur système hiérarchique : ils sont libres de choisir eux-mêmes l'endroit où ils souhaitent s'installer pour devenir anges gardiens.

Lorsque quelqu'un a réussi à s'approcher de la divinité, il se décide évidemment à agir directement pour elle. Cela arrive de la manière la plus sacrée, lorsque les anges s'ef-

forcent de faire connaître aux hommes la vibration OM la plus élevée pour l'intégrer dans leurs pensées et leurs prières. Ils élèvent ainsi l'énergie globale de l'homme, mais aussi l'énergie individuelle spirituelle. C'est pourquoi il est important que les hommes prennent conscience de l'existence de ces anges, car un rapport conscient avec eux augmente considérablement les moyens de communiquer.

*(*Que comprendre exactement par le mot communiquer ?*)*

Tu as déjà entendu beaucoup de choses sur la parole et sur le son. Chaque pensée a un son, si tu veux. Et la prière a un son tout à fait particulier. Les esprits élevés peuvent percevoir les vibrations de ce son, le renforcer, le raffiner et le renvoyer sous cette forme enrichie.

(Cela évoque un peu pour moi, je dois le dire, l'atmosphère d'une laverie, mais d'une laverie spirituelle...)

Ta comparaison n'est pas tout à fait juste parce que, dans une laverie, tu récupères ton linge seulement lavé et propre, mais jamais amélioré. Les énergies de pensée que tu envoies par la prière et qui sont reçues par les anges reviennent cependant vers toi, avec une structure énergétique nettement améliorée.

Les échanges d'énergie et de pensée avec ces entités peuvent être tellement élevés qu'ils peuvent prendre la forme d'une initiation. Si ces pensées atteignent la vibration du cristal, donc une qualité sublime, elles peuvent atteindre les vibrations du cercle de lumière du Christ, et donc contribuer à son renforcement.

*(*J'ignorais que l'énergie du Christ avait besoin de nous !*)*

Tu es issue de cette énergie et tu es en rapport constant avec elle, directement et indirectement. Voilà le chemin ! Tu portes en toi le savoir de toutes les propriétés divines. Et plus tu es consciente de ton appartenance, plus il est vraisemblable que tu sois en contact avec des énergies supérieures, des énergies du Christ.

Il te suffira de penser à la phrase suivante : « Là où sont rassemblés deux ou trois en mon nom, je suis parmi eux. » L'énergie de la pensée peut revêtir des formes incroyables, lorsque plusieurs personnes sont rassemblées. Telle était à l'origine la pensée prédominante de la sainte messe : renforcer et protéger les gens par de hautes pensées énergétiques.

(Mais il y a bien encore des messes aujourd'hui !)

Ces messes ne sont plus qu'un fragment par rapport à ce qui avait lieu autrefois. Personne ne pouvait ni pénétrer dans le lieu ni en sortir pendant la célébration, car cela aurait brisé le cercle énergétique qui s'était formé pendant la messe. Ce qui me paraît être complètement ignoré chez vous c'est qu'il était interdit de pénétrer en vêtements de ville dans une pièce où a lieu une invocation énergétique. Il s'agit d'un lieu sacré. Même si le cercle de prière est dissous, il est inconcevable, par exemple, qu'un groupe de touristes s'introduise dans cette haute vibration pour la modifier ou la perturber. Vous n'avez aucun respect de vos lieux sacrés. Mais je ne vous fais pas de reproches. Comment pourriez-vous le savoir, lorsque vous avez des chefs qui ne connaissent même pas les règles de base.

(Comme on peut le constater, nos organisations chrétiennes se réjouiront d'une grande popularité dans l'au-delà.)

Avec le mot « organisation », on a déjà tout dit. Dieu n'a pas besoin d'organisation. Il a besoin de gens qui reflètent son amour. Les anges sont ses aides, pour l'ensemble de l'immensité et pour chacun. Ils exercent SA *volonté, ils vivent dans* SA *volonté, aussi n'ont-ils besoin d'aucune autre.*

Les éléments feu, eau, terre et air ont tous leurs propres anges gardiens pour veiller à ce que l'équilibre entre les éléments soit préservé. Ces êtres sont en relation aussi bien entre eux qu'avec les entités les plus élevées.

Mais je sais que tu t'intéresses avant tout aux anges qui sont en rapport avec les hommes et leur destin.

Il est d'abord intéressant de savoir que les anges se meuvent dans toutes les dimensions, et ceci sans être soumis aux influences que tu connais.

Chaque ange ayant atteint le stade de l'ange gardien se situe bien au-delà du niveau de l'être qui doit s'incarner encore une fois. Avant d'être mûr pour prendre en charge un homme isolé, l'ange gardien sera promu comme aide d'âmes humaines qui ne sont pas aussi développées et auprès desquelles il sert d'ange gardien privé.

S'il devient ange gardien d'une seule personne, il l'accompagne du moment à partir de son incarnation et jusqu'à l'instant de sa mort. Certains se montrent aussi à leurs protégés dans l'au-delà, mais cela n'est pas ordinaire. L'ange a des liens affectifs avec son protégé afin d'influencer ses actes. Il le choisit lui-même et l'accompagnera même durant plusieurs vies.

*(*Le conseille-t-il déjà avant sa naissance ?*)*

Non, pour ce faire, il existe certains anges, qui ne s'occupent que de la préparation des âmes prêtes à s'incarner.

(Les anges gardiens attachés à une seule personne travaillent de concert avec ces anges déjà nommés ?*)*

Oui, certainement, car l'ange gardien veut se préparer. Mais il collabore surtout avec les anges que tu appelles gardiens du karma. Tu sais que dans la chronique akashique, tout est conservé comme dans un film mental. Tes vies antérieures aussi sont conservées avec leurs bonnes et leurs mauvaises actions. Avant que tu ne t'incarnes, ta vie future est préparée à partir de ta vie passée.

Dans ce processus, qui peut durer de très longues années, ton ange gardien futur sera inactif. Ce n'est que lorsque tu auras contacté ton ange natal que ton ange gardien viendra te rejoindre. Ensemble, ils pourront te conférer les énergies dont tu avais besoin pour opérer ton changement; ils t'accompagneront d'abord comme gardien du seuil de l'oubli, qui est le point où tu seras livrée à ton ange gardien.

Ce dernier ne t'abandonnera aux anges de la mort que lorsque ton heure sera venue ; les anges de la mort effectueront leur tâche de la même manière que les anges de la naissance, mais avec des énergies opposées. Si les premiers contribuent à la formation de ton corps physique, les seconds s'acharnent à sa lente décomposition.

(Puisque nous en sommes au thème de la dissolution : un homme peut-il se faire incinérer ?*)*

Le corps humain vient de la terre et doit y retourner, de même que l'âme retourne à son origine. Ne te laisse pas incinérer. La mort par le feu a une signification précise et aussi un effet tout à fait particulier, elle n'a de justification que pour certains destins.

Si dans ton destin il est inscrit que ton corps doit être récupéré par les gardiens du feu, il en sera ainsi. Sinon, ton corps physique doit être récupéré par les énergies de la Terre. Cela s'avère d'autant plus important pour ton âme, parce que le processus de dissolution ne se déroule pas aussi rapidement que la plupart des gens l'imaginent.

*(*Jusqu'à combien d'anges gardiens une seule personne peut-elle avoir ?*)*

Il te faut distinguer entre les anges gardiens mis à ta disposition et les êtres qui sont attirés par toi, et se mettent volontairement au service de ta protection. Tu n'as qu'un seul ange gardien. Suivant ton degré de maturité et selon l'importance de ton devoir, tu peux avoir un nombre plus ou moins grand d'anges gardiens, autant que tu en désires. Normalement, tu conserves ces entités protectrices durant toute ta vie. Mais des événements extraordinaires peuvent introduire des modifications.

*(*Comme cela m'est-il déjà arrivée ?*)*

Tu n'as jamais connu un changement ni d'ange gardien ni d'aides à proprement parler, l'entité responsable d'une certaine phase de ton évolution spirituelle s'est trouvée dans l'incapacité de continuer à assumer son rôle, compte tenu du peu de temps dont elle disposait pour accomplir le programme existentiel prévu. En apprenant cette modification dans ton programme existentiel, elle a refusé de poursuivre sa collaboration parce qu'elle était persuadée que tu n'arriverais pas à survivre à ce changement.

(Mais qui a initié cette modification et pour quelle raison ?)

Lorsque ton programme existentiel a été élaboré, en partant de l'idée que tu serais capable de réaliser ton programme préparatoire en 35 ans ; il est apparu de toute évidence, lorsque tu as atteint l'âge de 30 ans, que ce pro-

jet serait voué à l'échec si on voulait respecter le plan initial.

(M'a-t-on posé la question ?)

Bien sûr. Et tu as acquiescé. Il a fallu de nombreuses conversations pour mettre au point le programme à venir, car il fallait aussi consulter les gardiens du karma, puisque ces changements devaient se dérouler également dans le cadre de l'akasha.

(Un tel changement est-il courant ?)

Non. Mais nous n'avions pas le choix.

(On peut demander un tel changement de soi-même, lorsqu'on le considère comme nécessaire ?)

Vous le faites sans arrêt, par la prière.

(Oui, mais il ne s'agit pas du programme de vie dans son entier.)

C'est vrai.

(Alors... ?)

Non, tu ne peux pas produire par toi-même un changement aussi fondamental; c'est ce que tu veux, et non ce que tu demandes.

(Quel était le but du changement, quel devait en être le résultat ?)

Il te fallait reconnaître les ombres de ta personnalité, afin que dans la phase décisive de ta vie, personne ne puisse plus t'attaquer.

(Quand se situe la phase décisive de ma vie ?)

C'est la partie septennale de ta vie (donc de 42 à 49).

(En est-il de même pour tous les hommes ?)

En ce qui concerne l'évolution spirituelle, oui. C'est aussi l'époque pour l'ensemble de tes protecteurs et pour ton ange gardien de constater quel a été le travail ac-

compli. Tu pourrais voir comment les cartes sont distribuées à nouveau.

*(*Que se passerait-il si on échouait, ou plutôt si j'échouais ? Changeriez-vous encore une fois quelque chose ?*)*

Non ! Ce changement serait une grâce et une chance. Ton plan de vie est revenu à son déroulement initial à partir d'un certain moment. Maintenant, il ne dépend plus que de toi.

Il est surtout important que tu n'en veuilles pas aux gens qui se sont mis d'accord avec leurs anges gardiens, mais que tu leur sois reconnaissante pour ce qu'ils ont souffert pour toi qu'ils t'aiment ici et dans l'autre monde.

*(*Ainsi, la puissance des anges gardiens en apparaît plus grande que je ne le pensais !*)*

Dis plutôt, leur influence. Oui, elle peut être puissante. Mais ils obéissent toujours à la Volonté Supérieure.

Lorsque je reçus ce dernier message, j'étais confuse depuis longtemps. Et à la fois pleine de gratitude et très impressionnée.

J'espère seulement qu'il sera accordé à beaucoup d'êtres humains de recevoir de telles explications pour des destins qui nous confrontent toujours à la question : « Pourquoi cela m'arrive-t-il à moi ! »

Le destin est important, c'est une chance. Mieux encore : c'est une grâce. Mais si l'on se trouve dans un tel cheminement de vie, on ne regarde pas les faits comme ils sont.

C'est pourquoi il est toujours très important de répéter que le plan d'apprentissage s'effectue par la souffrance. Il semble donc impossible d'obtenir une relation normale par le bonheur et la souffrance et sans considérer ces événements comme des concepts opposés. Le plus important, dans ces instants de vie est de nous remettre premièrement en contact avec nos anges gardiens, ce qui s'obtient peu à peu. Il est impossible d'agir comme il faut avec tout le monde sans savoir que se trouvent à nos côtés des êtres supérieurs qui nous apportent leur aide, leur amour et leur consolation.

« Crois-tu vraiment ce que tu racontes avec tes anges ? » me demanda ma mère. « Je le sais, et sans cette conviction je ne vivrais plus », répondis-je.

Je me pose la question de savoir comment les gens peuvent vivre sans cette connaissance. Sans parler du fait qu'une recherche commune avec ces hautes entités peut rendre nos cerveaux normaux, de super-cerveaux. Ces entités engendrent notamment des énergies qui stimulent les fonctions cérébrales à haut niveau. Il ne tient qu'à nous de savoir les utiliser.

Nous sommes parvenus à un stade d'évolution où nous sommes à même d'utiliser ces énergies, de les mettre réellement en œuvre.

Les premiers signes s'annoncent dans le monde entier. Il semblerait que je ne sois pas la seule à le savoir.

Dieu merci !

LES ANIMAUX, NOS COMPAGNONS ET NOS INSTRUCTEURS

Non, il ne s'agit pas d'un message émis sous la forme courante que vous connaissez. Je n'avais absolument pas l'intention de parler d'animaux, et j'avoue ne m'en être guère beaucoup préoccupée jusqu'ici. Pour être franche, les animaux ne m'ont guère intéressée qu'au niveau de compagnons domestiques.

Incitée par une voisine, j'ai commencé à m'intéresser aux études sur les animaux, et je me suis davantage sentie écoeurée que prête à l'idée d'entreprendre une quelconque action en vue d'arrêter définitivement ce trafic.

C'est pourquoi je fus bien étonnée de ce qui m'arrivait, comme toujours, d'une façon totalement inconsidérée.

J'étais en train d'écouter d'une oreille distraite une conférence donnée dans le cadre de l'exposition ésotérique de Baden-Baden. Pour terminer, la conférencière demanda s'il y avait des questions à poser. Et jaillirent les questions habituelles sur le karma, avec leurs réponses habituelles.

Puis, soudain,. quelqu'un lança la question de savoir à quel stade un animal devait être parvenu pour pouvoir être incarné dans un corps humain. Je ne sais pas si je serais à même d'exprimer la quantité des pensées qui m'ont envahie à ce moment-là.

Au point que j'ai à peine entendu la réponse de la conférencière, qui prétendait qu'un animal peut être incarné dans un corps humain lorsqu'il a atteint un certain niveau de maturité.

« Lève-toi pour faire cesser de telles stupidités » me dit distinctement une voix qui résonnait dans ma tête.

« Tu écoutes sans rien dire quelque chose dont tu sais qu'elle est fausse. »

« Je ne sais pas exactement, je ne me suis pas encore penchée sur la question », répondis-je avec hésitation.

« C'est le comble, que quelqu'un possédant ta formation essaie de se dérober sous ce prétexte ! Se trouvent ici réunies 51 personnes qui ont entrepris une recherche, et tu sais pertinemment qu'il en sera de la responsabilité de laisser se répandre ces fausses informations ! »

« Un instant », rétorquai-je, «je ne suis pas responsable de tout ce qu'on raconte ici. »

« Tu es responsable de tout ce que tu sais reconnaître comme étant faux sans t'y opposer ! »

Je me levai et je sortis.

Le soir, assise dans ma chambre d'hôtel, je pris un crayon et émis : « Allons... je vous en prie ! »

Tout d'abord, je n'entendis rien, puis me revinrent quelques voix qui ne me parlaient pas à moi, mais disant quelque chose comme : « Non, tu... que fais-tu... alors, qui parle maintenant ?... » Puis, un silence, avant d'entendre distinctement une voix me dire :

Bonsoir, excuse-moi de m'être ainsi immiscé cet aprèsmidi, mais il était très important de corriger cette erreur au moment opportun.

Ecoute-moi bien : les animaux se différencient des êtres humains par le fait qu'ils n'ont pas d'âme individuelle, mais appartiennent à l'âme d'un groupe. C'est pourquoi un chien australien se comporte exactement comme un chien mexicain ou scandinave. On peut entraîner un cheval japonais exactement comme un cheval canadien et une vache néerlandaise se comporterait sur une prairie allemande exactement comme dans son pays.

Un animal se réincarne aussi, mais à l'intérieur de son groupe d'appartenance des animaux. Naturellement, sa conscience se développe au fil de son séjour sur notre planète, et la forme de son corps sait s'adapter à son niveau de conscience. Mais cette conscience reste toujours au niveau de l'instinct et bien inférieure à celle de l'homme.

*(*Pourtant, certains animaux domestiques se comportent de manière très individualiste.*)*

Leur rapprochement étroit avec des êtres humains imprègne les animaux domestiques, en particulier les chiens et les chats. Du fait de leur séjour quotidien auprès d'un être humain, l'animal peut avoir des formes de comportement trompeuses pour un observateur. Ce n'est cependant qu'une forme de dressage. Tout animal veut plaire à son maître et obtenir une réaction positive de sa part.

*(*Mais il y a cependant des animaux méchants et rétifs ?*)*

Tout ce qui existe sur Terre est soumis à des lois. La polarité en fait aussi partie. L'échelle des moyens d'expression des animaux va de l'agressivité à la dépression. Un animal se développera suivant son degré d'évolution, ses dispositions et son expérience.

*(*Les animaux sont-ils particulièrement subtils ou clairvoyants par rapport aux hommes ?*)*

Beaucoup plus subtils, car leurs cerveaux ne sont pas saturés d'intellectualisme et parce qu'ils appartiennent de manière non perturbée à leur groupe et à leurs protecteurs. Leurs sens ne sont pas non plus émoussés. Pense à l'odorat d'un chien, à la vision d'un aigle.

*(*Qui sont les protecteurs des animaux ?)

Des entités qui par la suite protégeront les êtres humains.

(D'un point de vue physique, l'homme descend de l'animal. L'homme et l'animal sont-ils donc étroitement liés ?)

L'homme ne descend pas de l'animal. Mais on s'est servi, pour former l'homme, de matériaux identiques à ceux utilisés pour former l'animal.

(Comment se sont développées ces images humaines spirituelles ?)

Par la force imaginaire ou, mieux, par la force créatrice d'entités suprêmes.

(Pourquoi ces images, qui devaient dériver de l'image de Dieu, se sont-elles matérialisées ?)

La subtilité de ces créatures s'est tellement éloignée de la lumière, qu'un retour dans la subtilité ne pouvait être possible que par la matière. Tu vois donc que tu as une origine complètement différente de celle des animaux.

(Alors, le cycle de renaissance des animaux sous forme d'animaux est sans fin ?)

Bien sûr que non. Dans leur forme actuelle, ils se préparent à des formes d'existence supérieure.

(Lesquelles ?)

Semblables à celles les hommes.

(J'ai donc raison ?)

Oui. Pas sur la planète Terre et pas sous la forme matérielle que tu connais. Les animaux ont une autre origine et une autre évolution que vous.

(D'où viennent-ils ?)

Ils viennent de la planète Terre et de ses vibrations énergétiques. Ils proviennent du plan de création terrestre.

(Et pas nous ?)

Pas sous cette forme. Vous êtes des hôtes sur cette Terre, utilisée comme école, comme lieu de formation. Les animaux sont les véritables habitants de cette planète, ainsi que les plantes et les minéraux.

*(*Oui, mais il me semble que nous sommes assez durs envers eux !*)*

Tu appelles cela dur ? Nous appelons cela sacrilège. Pense à la parole : « Ce que vous avez fait au moindre de mes frères, vous l'avez fait à moi. » Pense aussi au commandement : « Tu ne tueras point ! » L'animal est un être vivant, il est issu de la même racine que toi, se constitue exactement à partir de la même substance que toi. Il devrait être ton compagnon, non ta nourriture. Un animal a des vibrations cellulaires inférieures à celles d'un homme, donc des vibrations animales. C'est ce que tu assimiles quand tu manges de la viande.

*(*Cela varie-t-il avec le type d'animal ?*)*

Il vaudrait mieux s'intéresser à la consommation des animaux marins et aériens, dont les vibrations sont plus fines que celles des animaux terrestres.

*(*Mais il y a déjà eu des cannibales !*)*

Ce sont des êtres sans âme et sous-développés. Un homme qui tue un autre homme pour se nourrir se situe au niveau animal.

*(*Tu as dit tout à l'heure que les animaux s'incarnent sur une autre planète. Cette planète se trouve-t-elle dans notre système solaire ?*)*

Il y a une planète dans votre système solaire qui est faite pour la première incarnation humaine d'un animal. Mais cette forme d'évolution peut se développer également dans d'autres systèmes.

*(*Le non-respect des animaux et de la nature aura-t-il des répercussions sur l'homme ?*)*

Oui. Un animal torturé ou agressé réagit avec angoisse et agressivité. Cette énergie spirituelle se conserve. Quand des milliers et des millions d'animaux se trouvent dans cette situation, cette énergie revient sur vous, sous forme de destruction et de détresse. Une terre dévastée réagit à l'identique.

(Quelle est la gravité du pillage de la planète ?)

Cela aboutit à la perturbation de son équilibre.

(D'où vient cette perturbation ?)

Des essais atomiques en surface ou souterrains. Tous ceux qui sont impliqués dans ces recherches sont des criminels. La pollution de l'air est aussi un crime contre lequel la Terre se défendra. Faites attention !

(Tu parles comme s'il était déjà trop tard !)

Si tu me poses la question, je ne vois aucune issue. Tout cela tient au fait que vos anges gardiens se sentent de moins en moins motivés. Vous avez reçu des avertissements constants, sans y avoir réagi. Vous avez multiplié les essais atomiques souterrains. Vous perturbez complètement l'ordre cosmique. C'est le pire péché contre l'amour de votre prochain que vous puissiez accomplir. Vous courez à votre perte.

(Que puis-je faire ? N'êtes-vous pas à même de produire des signes qui pourraient être compris comme des avertissements ?)

Qu'est-ce que vous voulez de plus ? Votre air est saccagé, vos maladies sont dévastatrices, tout est devenu radioactif, les saisons en ont été modifiées, bientôt ce sera au tour des êtres humains. Vos chefs avides d'avoir et de pouvoir continuent leur programme criminel.

(Que faut-il faire ?)

Défendez-vous. Pourquoi choisissez-vous toujours les mêmes gens pour chefs ? Votre culpabilité vient de ce que vous ne vous défendiez pas ! Vous avez peur d'attaquer, d'être dérangés dans votre quiétude ! D'être abandonnés à l'indifférence !

*(*Mais peut-on forcer les gens à l'illumination ?*)*

Non ! Mais on peut demander à ceux qui savent au lieu de rester chez eux, de transmettre leur savoir à d'autres. Cela aussi, s'appelle l'amour du prochain. C'est très bien d'engendrer des pensées d'amour et de méditer, mais c'est seulement une préparation, des forces pour la lutte, que vous aurez à mener à l'extérieur. La méditation n'y changera rien. « Lève-toi et lutte », est écrit dans la Bible. Alors levez-vous et luttez ! Rassemblez-vous, prenez ensemble vos responsabilités, à moins d'accepter une destruction pareille à celle qui a eu lieu il y a dix mille ans ?

*(*Je ressens physiquement ta colère. Qui es-tu ?*)*

JE SUIS !

Je suis ! C'était quelqu'un avec lequel je n'avais encore jamais parlé; je pensais qu'il ne m'adresserait plus jamais la parole. De temps à autre j'avais entendu qu'il s'était montré quelque part, sans jamais obtenir de renseignements précis. Je ne tiens pas à donner son nom. Tout ce que je peux dire, c'est qu'il est considéré comme un maître de haut niveau. J'espère avoir encore un jour de ses nouvelles. Qui aurait pu s'attendre à une telle confrontation, dans une chambre d'hôtel de Baden-Baden ?

De retour à la maison, je relus des notes qui avaient été prises en Amérique en 1932. Chose étonnante, elles faisaient déjà allusion à cette évolution dont nous avons maintenant à subir les pires conséquences.

Ces notes sont secrètes et ne circulent que dans un milieu très restreint, dans une sorte de fraternité attachée à ce maître. Je veux dire qu'il est maintenant temps de les livrer à la postérité. Je vois aussi le message disant qu'il est temps que les membres de cette confrérie s'ouvrent à une confrontation, parfois pénible, avec le public.

Je fais confiance au « hasard ». Il veillera à ce que ces lignes soient lues par qui doit les lire. On saura ce que signifie « je suis ». Et j'espère que les gens concernés réagiront comme il se doit.

Mais je n'arrive pas à croire que je sois la seule à transmettre ces sommations. J'ai toujours tendance à demander où en sont les autres.

Je me console toujours en me disant que le sud de l'Angleterre et la Californie sont loin mais quand même sur cette Terre. Car c'est là que se joue pour l'instant la quintessence de l'évolution spirituelle. Je m'en réjouis beaucoup. Mais je me réjouirais encore davantage si les chefs de cette communauté s'occupaient aussi un peu de l'Allemagne. Comment peut-il y avoir une activité internationale, si chacun travaille dans son coin pour lui-même ? Les temps sont plus que propices ! Il n'y a donc plus aucune excuse...

Cela peut être dû aussi à autre chose qu'à la barrière linguistique. Apparemment, en Amérique, les choses se passent autrement qu'en Allemagne. Ici les très grands restent chez eux, hermétiquement enfermés, de peur de perdre leurs forces dans des discussions. Et lorsqu'un de ces initiés monte sur un podium, sa conférence se passe comme si elle avait été enregistrée, et toute discussion avec le conférencier est éludée. Oui, je sais que cela demande beaucoup d'énergie. Mais c'est un devoir. Même si ce sont les mêmes questions qui se répètent sans arrêt. C'est aussi une forme d'amour de son prochain, comme disent les amis de l'au-delà.

J'ai beaucoup réfléchi au fait que les entités protectrices se sentent de moins en moins motivées. Je ne veux pas exagérer. Mais c'est la révélation la plus inquiétante que j'aie jamais perçue.

Si nous partons du point de vue que nos anges gardiens sont comme nous, s'orientent vers nous, cela ne signifie rien de plus que les plus avancés, ceux qui étaient prédestinés à enseigner, à corriger et à donner des conseils, ont fini par se résigner.

La fin est-elle si proche, si immuable, que ceux qui étaient à même d'éviter le pire, ou de l'adoucir, ont donc abandonné ?

N'est-il pas trop tard ? La douzième heure commence à sonner. Mais avant que le dernier coup ait sonné, nous pouvons arrêter la pendule. Nous devons *le faire*. Et non pas rester inactifs en disant qu'une destruction est inévitable, parce que les dégâts sont irréparables. Et qu'un autre matériel humain est nécessaire, différent de celui qui est actuellement à notre disposition.

Mon Dieu, je sais que depuis peu de hautes âmes se sont incarnées. Oui, vous croyez peut-être qu'elles l'ont fait pour que nous restions assis à la maison et que nous nous excusions ainsi que le « matériel humain » actuel ne vaut pas la peine d'être sauvé ? Et vous n'êtes pas les seuls à avoir investi toute votre force et votre amour pour que cette planète ne perde pas tout son équilibre et mette en danger tout le système solaire.

160

Je parle de nos frères et de nos sœurs dans l'univers, des habitants d'autres systèmes solaires, qui se font le plus de soucis quant à notre évolution.

NOS PROTECTEURS
DANS L'UNIVERS

On se heurte à l'ignorance et au sentiment de supériorité des gens qui nient avec acharnement l'existence des objets volants non identifiés. Ils font cela non pas par ignorance, mais bien plus par peur de voir leur propre pouvoir menacé, si le public avait accès à certaines informations. Si on demande pourquoi ces informations ne sont pas livrées au public, la réponse est toujours la même : on ne veut pas effrayer le peuple.

J'ignore le nombre de personnes qui ont vu des OVNI ou qui sont entrées en contact avec eux. Mais à peine ces gens en parlent-ils, qu'ils se couvrent de ridicule à cause des ignorants et des soi-disants gardiens d'un secret (de quel secret, d'ailleurs ?). Il en est de même des preuves photographiques, qui sont classées pour être fausses et d'être enterrées en archives.

C'est exactement ce qui s'est passé avec les photographies exceptionnelles qu'un certain Billy Edward Meier a pris des OVNI qui avaient atterri dans une clairière, non loin de sa ferme à Schmidrüti, en Suisse. Sans être un photographe professionnel ni vouloir gagner de l'argent avec ses photos, il fut attaqué et diffamé d'une manière qui laisse pensif. Une revue bien connue publia en 1988 un article où des journalistes extrêmement bien informés prétendaient que tous les objets visibles sur ces photos avaient été suspendus avec des fils.

Ce matériel se compose d'un ensemble de photos en noir et blanc, de diapositives, de photographies en couleur, partiellement abîmées par les traces de pas de chat et de pieds d'enfants quand ces photos sont restées traîner dans sa cuisine. S'il avait vraiment suspendu ses OVNI avec des fils, Billy Meier serait encore aujourd'hui occupé à accrocher ses modèles dans la belle forêt suisse où il aurait dû être un spécialiste du trucage. Car un jour où un de ses OVNI évoluait dans le ciel suisse, ce dernier fut intercepté par un chasseur de l'armée de l'air suisse qui l'a poursuivi pour prendre des photos. Celles-ci, faites de façon répétitive, à une seconde d'intervalle, montrent un pilote nettement irrité par les mouvements extrêmement rapides d'un objet qu'il aurait du mal à suivre. Une réaction bizarre au sujet d'un modèle qui aurait été suspendu au ciel par des fils invisibles ! Trêve de plaisanterie, le thème est trop grave pour cela.

Personnellement, je n'ai pas vu d'OVNI, mais j'ai vécu quelque chose d'autre. Et bien que je coure toujours le risque que mon entourage doute de ma santé mentale, l'expérience est si importante, qu'il me faut la raconter.

J'ai toujours eu un avis partagé en ce qui concerne les OVNI. D'une part, je pense qu'il s'agit d'une folie collective, de l'autre je suis persuadée de leur existence. En 1987 j'ai assisté pour la première fois à une conférence d'un collaborateur de Billy Meier. Ses diapositives étaient plus que surprenantes. Le plus étonnant pour moi fut que les modèles d'OVNI et l'équipement des personnages qui étaient à l'intérieur me semblaient étrangement familier, et même un peu surannés (étrangement, le conférencier a dit dans une conférence ultérieure qu'il s'agissait de « vieux modèles ».) J'avais l'impression d'avoir déjà vu « plus moderne » ailleurs.

C'était entre Noël et le Jour de l'An 1987. J'étais assise sur mon vieux canapé en train de regarder la télévision. Ceux d'entre vous qui ont déjà eu des contacts mentaux comprendront ce que je veux dire, lorsque j'affirme qu'il y eut soudain dans ma tête et dans la pièce une atténuation de la lumière et du son, cette soudaine élévation des vibrations qui précède un message, une révélation. Ce jour-là, je voulus me simplifier les choses en me dirigeant vers mon bureau, où j'ai pris ma planchette et saisi mon pendule de cristal.

Le pendule oscilla avec une précision et une rapidité qui m'étonnent encore. Ce qui suit a été transcrit exactement.

Bonsoir. Mon nom est Upasu.

*(*Ah, pensais-je, encore un nouveau, mais qui a une remarquable énergie. Je répondis : Bonsoir, Upasu, de quelle dimension viens-tu ?*)*

Je me trouve à 6400 kilomètres au-dessus de toi, dans une de nos bases.

*(*Un instant, me dis-je, dans quelle base ? Depuis quand mes esprits habitent-ils dans des bases ? Aussi, je demandai avec prudence – on ne sait jamais : « De quelle base parles-tu ? »*)*

Je veux dire une de nos stations interplanétaires.

*(*Mon cerveau pensa un instant « Non, merci », mais je posai quand même une autre question : quelle station ?*)*

Il s'agit d'une station qui fait environ 34 kilomètres de long.

*(*Je rangeai mon pendule, tout en essayant d'y voir un peu plus clair. Je me disais : ou bien c'est un farceur, ou bien je suis entrée en contact avec un extraterrestre. Bon, pour le moment, je cherchais à en connaître les raisons. Cela valait la peine d'éclaircir les choses. Je me décidai finalement à prendre le taureau par les cornes et je lui demandai : « As-tu un nom de famille ? »*)*

Oui, mon nom complet est Upasu Arasatha. Je suis fils d'Atarsatha.

*(*D'où viens-tu ?*)*

Je viens des Pléiades. Je suis un tagurerien de Sorxerma. J'ai une femme. Son nom est Adaga.

*(*Que fais-tu sur cette station orbitale et qui d'autre est encore avec toi ?*)*

Je suis le commandant; j'ai un deuxième commandant, c'est une femme, son nom est Mubasa. Cette station orbitale est comme une colonie et équipée de tout ce qui est nécessaire pour vivre. Cette station est une forme de notre expansion spirituelle, mais aussi une sommation et un avertissement pour les ennemis.

*(*Pourquoi ne te voit-on pas sur l'écran du radar ? Cela devrait être possible à une distance de 4000 km.*)*

Normalement, oui. Mais notre station est entourée d'un bouclier d'hyperénergie toujours en mouvement.

*(*Oh là là, mes connaissances techniques ! J'ai déjà entendu parler de tout cela, mais rien compris. Comment agit donc cette hyperénergie ?*)*

Quand une hélice tourne très vite, que vois-tu ?

(Rien.*)*

Il en est de même de l'hyperénergie. Elle accélère le mouvement des éléments avec une telle vitesse, que les contours des matériaux ne sont plus visibles, à l'œil nu ou par d'autres appareils.

*(*Donc, me dis-je, il s'agit d'un faux esprit, il doit être très sérieux. Je poursuivis la conversation : « Quelle langue parlez-vous ? Dites-moi quelque chose... Bonjour ou n'importe quoi. »*)*

Nous parlons une langue que tu ne connais pas, mais qui était parlée quand nous avions des colonies sur Terre, il y a des milliers d'années. Bonjour se dit « elado », ce qui correspond à peu près à « bienvenue », et « au revoir » se dit « tomu bel ». Cela ne te rappelle rien ?

*(*Oui, répondis-je en écoutant la vibration des mots, qui ne me semblaient pas complètement étrangers. Pourquoi ne t'es-tu pas annoncé à moi ?*)*

Parce que je serais dans dix minutes auprès de toi. Allonge-toi sur le canapé.

Tout ce qui venait de se passer était un peu trop pour moi. Mais qu'est-ce que cela pouvait bien me faire, que quelqu'un des Pléiades apparaisse à côté de mon sapin de Noël ? Pourquoi pas, après tout. J'allai chercher dans ma chambre une grosse couverture, afin que le souffle de l'univers, s'il m'atteignait, m'épargne le froid, je m'allongeai sur le sofa et je me mis à attendre la suite.

J'attendis, les minutes passèrent, puis une demi-heure et encore quelques minutes. Je me disais que j'étais encore tombée dans un piège. Je me préparai à rouler ma couverture, lorsqu'il se passa quelque chose, dont je vous fais le résumé avec exactitude.

D'une seconde à l'autre, mon pouls devint deux à trois fois plus rapide, ma peau changea de nature, je ne peux pas décrire autrement la sensation. Soudain, tout devenait transparent. J'étais tout à fait consciente. Je me dirigeai vers le canapé pour observer le miracle : ma propre chambre. Les plantes ressemblaient à un cristal où se dessinaient des spirales et des méandres de couleurs que je n'avais encore jamais vues. Je me levai et traversai mon sommier. Pendant que je le traversais, je ressentis une sensation agréable de chaleur, rien de plus. Je me dirigeai vers ma bibliothèque et passai la main sur mes livres. A nouveau, cette impression de douce chaleur me revint. Je me retournai, me dirigeant vers mes plantes et je me trouvai tout à coup dans une symphonie de couleurs, de chaleur et de tons légers. C'était absolument indescriptible. J'allai vers la fenêtre, et au moment où je voulus ouvrir la porte du balcon, une vague profonde d'angoisse m'envahit. Comme si j'avais été catapultée, je fus jetée sur le canapé, mon pouls se mit à ralentir en quelques instants, mes yeux retrouvèrent une vision normale. J'étais en nage et je dus m'éventer pendant quelques instants. Puis, tout redevint normal.

Je me précipitai vers mon bureau et saisis mon pendule.

*(*Qu'est-ce que c'était que cela ?*)*

C'était une transmission d'énergie lumineuse mentale. Cela est aussi lié à l'hyperénergie.

Je saisis mon téléphone et j'appelai un de mes amis, un psychologue.

« Vois-tu », me dit-il, « si tu avais pris du LSD, tout serait facile à expliquer. » Je n'avais même pas d'aspirine chez moi. Et je n'ai jamais pris de drogues. « Peut-être », dit-il, « pourrait-on expliquer tout cela si tu étais hyperventilée auparavant, mais sans préparation, sans autosuggestion. » (Souvenons-nous bien, cela s'est passé au moment où je voulais m'enrouler dans ma couverture, donc aucune forme d'auto-hypnose).

J'appelai ensuite un philologue, bon connaisseur des langues anciennes, en lui décrivant les paroles et les mots.

« Non », dit-il, « je ne connais pas ces mots, mais cela sonne comme les anciennes langues méditerranéennes. »

Je ne dormis pratiquement pas pendant quatre jours, et mes règles furent décalées de six jours, ce qui ne m'était encore jamais arrivé.

J'ai réussi par la suite à contacter plusieurs fois cet Upasu, mais je n'ai plus jamais vécu une telle expérience de transmission d'énergie.

Le plus important de ce contact ont été les déclarations que j'obtins d'Upasu et de Mubasa. De même qu'en ce qui concerne les anges gardiens, je vais renoncer au jeu des questions / réponses pour tenter de résumer ce qui s'est dit. J'ai eu cinq contacts, dont deux ont été longs et riches d'informations.

Nous te saluons avec joie.

Nous sommes capables d'entrer en contact avec toi parce que tu es capable de créer la fréquence qui correspond à notre énergie de pensée.

Cela n'a aucun sens de vouloir léguer ton expérience et ton savoir à des gens qui ne sont pas prêts pour cela. Pour atteindre cette dimension, il faut un haut niveau de maturité et une énorme capacité de mémorisation, car nombre de ceux qui sont incarnés sur Terre sont issus d'autres planètes de votre système solaire.

Le nombre de planètes de ce système est de douze. Votre planète a été créée en avant-dernier. Ce n'est pas la seule qui soit habitée, seulement les formes de vie des autres planètes sont adaptées à leurs conditions de vie respectives, et ne sont pas compatibles avec votre capacité de perception.

Sur les Pléiades, nous avons un corps très proche du vôtre. Nous sommes soumis aux mêmes pensées créatrices, c'est pourquoi les formes d'expression du corps humain à l'intérieur de ce système solaire sont assez semblables. C'est une des raisons pour lesquelles notre flore et notre faune sont aussi très proches des vôtres.

Dans notre évolution, nous avons quelques millénaires d'avance. Certes, nous pouvons vous aider dans beaucoup de domaines, mais cela serait une intrusion dans votre processus de maturation naturel et dans votre évolution; c'est pourquoi nous nous limitons à une aide invisible, qui consiste principalement à faire un maximum d'efforts pour rétablir l'équilibre dans vos rapports de forces. Sinon, vous ne vivriez plus longtemps à cause de la radioactivité, si une aide extérieure ne vous parvenait pas sans cesse.

Non, nous ne sommes pas les seuls à vous aider.

D'autres planètes sont plus développées que vous, et que nous-mêmes. C'est d'elles que viennent quelques-uns des OVNI que vous avez vus; leur tâche est de ramener du matériel de la Terre, afin de pouvoir constater quelles formes prend votre campagne de destruction inconsidérée. On a déjà prélevé de la terre, de l'eau, des plantes, et aussi des cellules humaines.

Les historiens qui parlent d'« enlèvements » auraient donc raison. Ces enlèvements étaient nécessaires pour obtenir ce matériel, de la mœlle osseuse et du tissu épidermique.

Cela nous a permis d'apprendre que la modification cellulaire engendrée par le rayonnement radioactif est déjà beaucoup plus avancée que vous ne le croyez. Des maladies jusqu'ici inconnues peuvent donc survenir.

Ce n'est que dans l'unique objectif de collecter du matériel que nous avons mis en œuvre les OVNI, car ils se déplacent grâce à l'hyperénegie, ce qui a pour consé-

quence une aggravation du déséquilibre spatial; c'est la raison des longues pauses entre deux visites sur Terre.

Nous avons trois bases d'atterrissage sur la Terre, où nous allons périodiquement. L'une est en Russie, la seconde en Suisse et la troisième en Amérique du Sud.

Les OVNI ne peuvent être aperçus par vous que lorsqu'ils ouvrent le parapluie protecteur hyperénergétique qui les entoure comme une sphère. C'est le seul moment où ils peuvent être photographiés.

Nous vous aidons, parce que nous sommes régis par les lois de l'amour du prochain. Nos nombreuses rencontres entre des êtres terrestres et nous-mêmes n'ont jamais été rendues publiques, car il paraît plus sage de les cacher. Nous restons en contact avec quelques-unes de ces personnes, de même qu'avec toi, mais sous une autre forme, plus concentrée, une forme de télépathie par image.

Plusieurs personnes-contact ont été incarnées par les Pléiades sur Terre, pour avoir des relais précis. Tu pourrais dire que ce sont nos agents. Une bonne partie de ces personnes sont conscientes de leurs origines, d'autres ne font que les pressentir et se sentent par conséquent motivées pour se joindre à ceux qui « savent ». C'est ainsi que se forment les groupes.

Oui, ces groupes ont beaucoup à faire avec ceux que tu connais déjà. Ces groupes se forment instinctivement. L'ordre hiérarchique est le même que celui qui t'a déjà été décrit dans le domaine spirituel.

Ces groupes travaillent dans le calme et ne forcent personne à les écouter. Ils ne se font pas passer non plus pour des groupes ayant des contacts avec des extraterrestres, mais ils envoient certains signaux qui sont reçus par ceux qui ont le degré de maturité nécessaire et qui se sentent ainsi attirés par eux.

Tu as depuis longtemps reçu de tels signaux, mais tu n'as pas réagi. Fais donc particulièrement attention aux signaux de Zurich et de Vienne.

Les signaux de la « douce conjuration » sont codés, pour que seuls puissent réagir ceux qui sont prêts à cette collaboration. Comme chacun collabore de son plein gré et indépendamment, il doit seulement reconnaître sa tâche. Non, il ne s'agit pas de sectes. Nous refusons toute forme d'organisation de type religieux. Ceci n'est qu'une idée humaine, qui ne peut rien apporter de bon.

Il est important de saisir la mission et de vivre pour elle. Certains ont déjà compris, mais beaucoup d'autres doivent comprendre de quoi il s'agit. Les gens ont besoin de l'aide de nos « agents ». Il faut simplement qu'ils soient conscients de la nécessité de cette aide, car il ne faut qu'elle soit imposée à personne. C'est pourquoi il est inutile de vouloir convaincre le public de l'existence des OVNI. Ceux qui veulent savoir ont pris conscience depuis longtemps des faits essentiels.

*(*Existe-t-il aussi des puissances intéressées à la destruction de la Terre ?*)*

Il y a des puissances qui sont intéressées à la prise en charge spirituelle du système solaire. Il y a des combats dont tu ne peux pas te représenter l'ampleur. Comme votre Terre représente le point faible du système solaire, vous êtes naturellement menacés par de tels ennemis.

Mais ici aussi nous sommes prêts à vous aider, car vous n'êtes pas en mesure de vous défendre contre des agresseurs aussi puissants. On ne travaille pas à l'aide de bombes atomiques, mais avec des matières qui détruisent l'esprit et les cellules. On a besoin de cette planète pour maintenir l'équilibre et les puissances savent très bien qu'il fallait la préserver. Ce seront les habitants qui devront être éloignés. Mais n'ayez pas peur, votre protection est forte.

Il est important que vous trouviez votre juste voie. Si vous vous affaiblissez, la meilleure protection ne vous servira à rien, car vous ne serez plus aptes à vivre. Il faut que vous preniez conscience que vous êtes les créateurs et ceux qui accomplissent votre propre programme d'autodestruction.

*(*J'ai entendu parler ces derniers temps d'un chef de flotte spatiale appelé Ashtar. Cet homme existe-t-il réellement, ou est-ce une invention ?*)*

Ce n'est pas une invention. Ashtar est le commandant d'une flotte dont le point de rassemblement central se situe dans le système d'Alpha-Centaure. Nous entretenons des relations commerciales et scientifiques avec les habitants de ce système. Malheureusement, le nom d'Ashtar est utilisé à tort et à travers par certaines puissances qui s'introduisent auprès de certains groupes sous ce nom, en essayant d'établir des contacts avec les extraterrestres.

*(*Comment peut-on savoir qui est le vrai et qui est le faux Ashtar ?*)*

Pour un initié, la qualité de ses déclarations serait un critère suffisant pour identifier celui qui parle. Ashtar agit à partir de hautes énergies. On ne peut pas en dire autant de ceux qui utilisent faussement son nom.

Si vous pouvez réduire votre besoin de puissance ou même le supprimer, vous arriverez à réunir les contacts, en vue d'échanges. Les grandes disputes à ce sujet ne sont pas seulement infantiles et immatures, mais aussi très dangereuses, car les puissances qui s'affrontent peuvent transmettre leurs idées destructrices à l'humanité.

Si un de ces ennemis arrive à s'introduire dans un cerveau humain, il pourra le faire fonctionner pour ses besoins. C'est pourquoi il serait important de clarifier les choses pour les groupes qui recherchent ces contacts. De nombreux groupes se laissent abuser et ne savent pas au service de qui ils se mettent et ce qu'ils déclenchent avec leur disponibilité.

Il est très important d'apprendre à tout le monde que le manque de maturité se paye. Les contacts avec des entités invisibles ne doivent se produire qu'avec des personnes d'une grande pureté spirituelle, sinon ils deviennent des catalyseurs de basses vibrations terrestres et d'énergies négatives qu'ils répandent sans s'en rendre compte dans leur entourage, ce qui les conduit inévitablement à la maladie et à la misère.

Il est également nécessaire d'expliquer à tout le monde qu'il faut cesser de se soumettre à des sectes et à des organisations religieuses. Chaque secte a un chef, qui est indésirable, et qui utilise à mauvais escient, de par sa prétention même d'être un maître, les forces de ses disciples. Actuellement, de par le monde, il n'y a personne qui puisse, comme le Christ, rassembler les humains autour de sa personne. Toute personne entrant dans une secte amoindrit sa liberté de penser et limite sa libre volonté. Vous devez vivre librement et indépendamment la volonté de Dieu, vivre la loi de l'amour. Là où vous voulez vous rassembler pour échanger des idées, n'hésitez pas à le faire. Mais ne vous organisez pas. Dans les organisations se développent toujours des structures de pouvoir, et c'est de ces structures que vient le fanatisme, le plus grand ennemi du libre arbitre et de l'amour.

*(*Vous n'avez pas de religion ?*)*

La religion est organisation. Nous vivons la loi du cosmos. Chacun pour soi, et de même pour la communauté.

*(*Avez-vous des lois ?*)*

Bien sûr. Toute communauté a besoin de règles, que chacun reconnaît comme nécessaires. Les infractions sont punies.

*(*La peine de mort existe-t-elle chez vous ?*)*

Seul celui qui peut donner la vie peut l'ôter. Quand vous serez entrés complètement dans les vibrations de l'Ere du Verseau, il n'y aura plus de peine de mort chez vous non plus. L'Ere du Verseau signifie que toute votre planète passe dans une vibration supérieure. Cette poussée d'énergie signifie pour vous, habitants de cette planète, des conditions meilleures de vie. Les gens qui ne font pas d'effort de développement spirituel vers les lois élevées comme celles que leur maître Jésus leur a inculquées, ne pourront ni exister ni s'incarner dans ces vibrations élevées. L'Ere du Verseau exige une évolution collective. Toute personne qui essaie de se dérober, par conformisme, à cette évolution et à ses exigences, se détruit elle-même.

*(*Comment se présente cette destruction ?*)*

Ces gens ne survivront pas à certains événements qui auront lieu prochainement sur votre planète. C'est sa qualité des pensées qui rendra un être résistant contre certaines influences; la résistance du corps n'est qu'un aspect accessoire.

Ceux qui connaissent ces phénomènes ont donc le droit de mettre au courant, d'aider et d'éclairer, dans l'amour et dans la patience. Ne me demande donc ni comment c'est chez nous, ni ensuite ce qu'il faut faire. Fais ton devoir dans ton entourage.

Nous vous aimons.

Je ne peux pas dire que ces déclarations m'aient rendue heureuse et m'aient apaisée. Il semble que dans tout notre système solaire coure la rumeur d'une modification profonde; l'ennui vient du fait que cette rumeur ne soit pas encore assez répandue !

J'ai bien évidemment lu dans des livres et dans des journaux qu'une grande catastrophe nous attend, qui sera déclenchée, semble-t-il, par une inversion des pôles, suite au choc d'un météorite géant, placé depuis longtemps sur une trajectoire de collision avec notre planète.

Personnellement, je n'y crois pas. Je crois que ces changements, comme le disent les Pléiades, auront lieu dans une toute autre dimension, mais ne seront pas agressifs et rigoureux.

En outre, je suis fermement persuadée que si les rares responsables politiques que nous avons n'arrivent pas à mettre fin à la folie de l'expérimentation atomique, une catastrophe mondiale arrivera. C'est pourquoi ces politiciens ont besoin de notre soutien.

Il est donc capital qu'il y ait des organisations qui s'opposent avec véhémence à l'utilisation abusive de l'énergie nucléaire. Toute personne qui a des enfants, ou désire en avoir, est responsable de leur avenir génétique, et de leur avenir en tant qu'habitants de la planète Terre.

Finalement, mon point de vue est qu'il faut maintenir une conversation amicale avec les anges gardiens, car, si vous avez enfin compris que ces êtres émanent des sphères supérieures, vous aurez aussi compris qu'il s'agit non seulement de régler vos problèmes personnels, mais aussi du bien-être général.

Il ne s'agit pas seulement d'une conscience élargie, mais surtout d'un élargissement de notre conscience communautaire. Et par communauté, j'entends non seulement notre potentiel, mais aussi notre nature et notre environnement. L'époque de l'Ere du Verseau exige aussi de nous que nous ayons une conscience écologique subtile.

De plus, il ne nous reste plus beaucoup de temps pour penser NOUS au lieu de penser MOI.

Même si nous ne comprenions pas entièrement le caractère gigantesque du système, il devrait être pour nous un besoin profond de nous insérer utilement dans le plan de l'évolution et de remplir les devoirs qui nous sont donnés avec la naissance ; ils sont en rapport avec les Dix Commandements, et se laissent résumer par la courte formule : « Aime ton prochain ».

Je voudrais encore préciser que la pire échappatoire qui existe est de dire : « Que puis-je faire ? Je ne suis qu'une poussière sous la semelle des puissants de ce monde. » Dans notre histoire, il y a eu des poussières qui ont paralysé des systèmes entiers. Leur effet est d'autant plus efficace si ces poussières se rassemblent. Un tel rassemblement ne peut servir que lorsque la solution est claire.

Celui qui a compris que toute intelligence hostile à la vie se nourrit de nos énergies destructrices et de nos impressions négatives, devrait porter en lui-même cette solution. Je le répète, afin que le dernier mot de ce livre soit :

N'AIE PAS PEUR — AIME !

ACHEVÉ D'IMPRIMER
EN SEPTEMBRE 1995
SUR LES PRESSES DE
L'IMPRIMERIE DU LION
90700 CHATENOIS LES FORGES
DÉPOT LÉGAL : 3e TRIMESTRE 1995